Die leckersten
Blechkuchen

Für jeden Anlass und jeden Geschmack

Patrik Jaros

Die leckersten Blechkuchen

Für jeden Anlass und jeden Geschmack

Parragon

Bath • New York • Singapore • Hong Kong • Cologne • Delhi
Melbourne • Amsterdam • Johannesburg • Shenzhen

IMPRESSUM

Chartist House
15-17 Trim Street
Bath BA1 1HA, UK
www.parragon.com

ISBN: 978-1-4723-1438-3
Printed in China

Konzeption: Patrik Jaros
Rezepte und Foodstyling: Patrik Jaros / www.food-experts-group.com
Fotografie: Patrik Jaros / www.food-experts-group.com
Assistenz Küche: Holger Maas, Eva Peter, Claudia Wörner
Design: Joachim Zeh / www.gottamakesense.com
Lektorat & Text: Kira Crome

Anmerkung für den Leser:
Ein Teelöffel entspricht 5 ml, ein Esslöffel 15 ml. Soweit nicht anderes angegeben, wird Vollmilch und Mehl Type 405 verwendet. Die Eier sind von mittlerer Größe und immer aus Freilandhaltung. Für die abgeriebene Schale von Orangen und Zitronen, die häufig zum Aromatisieren verwendet wird, sollten immer unbehandelte Früchte verwendet werden. Kinder, ältere Menschen, Schwangere, Kranke oder in Rekonvaleszenz befindliche Personen sollten auf Rezepte mit rohen oder leicht gegarten Eiern verzichten. Alle Rezepte in diesem Buch wurden mit größtmöglicher Sorgfalt und Liebe gebacken, verkostet und überprüft. Ein Blech 20 cm x 30 cm entspricht 6 Stücken und ein 30 cm x 40 cm, 12.

Inhalt

LECKERE KUCHEN VOM BLECH

Von A wie Apfelkuchen bis Z wie Zitronencremekuchen

Blechkuchen sind seit jeher ein Klassiker. Denn frisch gebacken schmecken sie nicht nur wunderbar. Sie sind auch unkompliziert und leicht gemacht. Ob Mohnkuchen oder Donauwelle – viele Rezepte sind einfach zeitlos und heute noch so beliebt wie früher. Saftiger Butterkuchen oder cremiger Bienenstich erinnern uns an Großmutters Zeiten. Einfacher Zwetschgendatschi oder fruchtiger Streuselkuchen machen auf jeder Kaffeetafel einen guten Eindruck – sie eignen sich für die Party aber genauso wie für Sonntagsgäste.

Blechkuchen gehören ins Repertoire eines jeden Hobbybäckers. Denn mit einem großen Blech sind im Handumdrehen viele Leckermäuler versorgt: Ein Backblech ergibt genügend leckeren Kuchen für Familie, Freunde oder den Kaffeebesuch. Da dürfen es schon mal ein paar Gäste mehr sein.

Es soll nicht immer Omas Bester sein? Dann lassen Sie sich von der überraschenden Vielfalt der Blechkuchen-Varianten verführen! Überraschen Sie mit einem Hauch Exotik oder mit frechen Kombinationen. Versuchen Sie Kokosraspelkuchen mit einer Prise Karibik oder Reiskuchen mit beschwipsten Armagnac-Pflaumen. Oder soll es lieber fruchtigleicht sein? Je nach Jahreszeit lassen sich mit frischen Erdbeeren, Mandarinen, Johannisbeeren, Birnen, Cranberrys oder Stachelbeeren himmlisch fruchtige Kuchen zaubern. Lassen Sie sich von der spanischen und der italienischen Backtradition inspirieren und experimentieren Sie mit Mandeln und anderen Nüssen.

Blechkuchen können so festlich wie eine Torte oder so einfach wie ein Streuselkuchen sein. Das Geheimnis eines leckeren Kuchens steckt im Teig. Wer es schnell und eilig hat, zaubert mit einem schnellen Rührteig leckere Kuchen. Wer es etwas feiner liebt und etwas mehr Zeit hat, nimmt einen Biskuitteig. Klassische Grundteige wie Mürbe- oder Hefeteig brauchen zwar etwas mehr Planung, doch sie sind einfacher gemacht, als es ihnen nachgesagt wird. Denn alles, was Sie brauchen, ist etwas Zeit und eine gute Vorbereitung. Egal, für welchen Grundteig Sie sich entscheiden – Sie müssen kein Backprofi sein, um einen raffinierten Himbeerschaumkuchen oder einen klassischen Stachelbeerkuchen zu zaubern. Blechkuchen gelingen immer und machen Appetit auf mehr. Ob Großmutters Klassiker oder frech kombinierte Kuchenträume – lassen Sie sich von unseren Backideen verführen. Probieren Sie sich durch das ganze Kuchenalphabet und entdecken Sie Ihren persönlichen Lieblingsblechkuchen.

DAS KLEINE BLECHKUCHEN-EINMALEINS …

Blechkuchen sind unkompliziert und einfach herzustellen. Dabei ist eine gute Vorbereitung ein große

Hilfe: Vor dem Rühren und Kneten das benötigte Zubehör aus dem Schrank holen – von der Schüssel über das Rührgerät bis zum Teigschaber. Alle Zutaten sorgfältig abwiegen und bereitstellen. Das Geheimnis aber liegt im Teig. Wer es eilig und keine Ruhe hat, wählt einen Rührteig. Ein Biskuitteig braucht etwas mehr Aufmerksamkeit. Und wer einen Mürbe- oder Hefeteig backen möchte, muss Kühl- und Ruhezeiten einplanen. Damit jeder Blechkuchenteig ein Hit wird, hier ein paar grundlegende Tipps:

Beim **Rührteig (1)** werden die Zutaten „einfach" miteinander verrührt. Er gelingt besonders gut, wenn die Zutaten vor der Verwendung Zimmertemperatur haben. Deshalb Eier, Fett und Milch vorher aus dem Kühlschrank nehmen. Das Mehl immer zuletzt unter den Teig rühren, damit er nicht zu klebrig wird. Beim **Biskuitteig (2)** werden Butter, Eier und Zucker schön schaumig aufgeschlagen. Je schaumiger die Grundmasse, desto lockerer und zarter wird der Kuchen. Beim **Mürbeteig (3)** sollten alle Zutaten schnell miteinander verknetet werden, damit der Teig nicht zäh wird. Damit sich alles gut verbindet und der Teig leichter auszurollen ist, sollte er mindestens eine halbe Stunde in Frischhaltefolie gewickelt im Kühlschrank ruhen. Damit der Mürbeteigrand beim Backen in Form bleibt, mit einer Rolle aus Alufolie den Rand abstützen.

Für einen Blechkuchenbäcker ist der **Hefeteig (4)** eine Herausforderung, aber er ist einfacher zubereitet, als häufig angenommen. Zeit und Wärme sind die wichtigsten Zutaten. Und natürlich Hefe. Die sollte immer frisch sein und ist als Würfel (42 g) in jedem Supermarkt im Kühlregal erhältlich. Sie sieht gelblich grau aus, sollte bröckelig sein und sich leicht feucht anfühlen. Frische Hefe sollte man möglichst gleich verwenden. Wenn nur ein Stück gebraucht wird, den Rest einfach einfrieren. Im Tiefkühlfach hält sich Hefe etwa ein Jahr.

Hefe besteht aus lebenden Zellen. Und die brauchen genügend Nährstoffe, um sich zu vermehren. Ideal sind Mehl, Zucker und Milch. Damit der Teig schön gleichmäßig aufgeht, braucht Hefe etwas Ruhe und mindestens Zimmertemperatur. Schneller geht der

1

2

3

4

1

2

Teig an einem warmen Ort auf – in Heizungsnähe oder im Backofen. Dafür den Ofen 3 Minuten auf 40 °C vorheizen, ausschalten und den Teig zum Gehen hineinstellen. Aber Vorsicht: Bei Temperaturen über 40 °C sterben die Hefebakterien ab.

Je nachdem, ob der Belag schwer, süß oder fruchtig ist, stellt man für einen Hefeteig erst einen Vorteig her. Dafür das Mehl in eine Schüssel geben und eine kleine Mulde hineindrücken. Darin die **Hefe (1)** mit der Flüssigkeit – lauwarme Milch oder Wasser – auflösen. Dabei wird nur etwas Mehl vom Rand mit eingerührt. Den **Vorteig (2)** mit einem Küchentuch zugedeckt an einem warmen Ort so lange aufgehen lassen, bis er das doppelte Volumen erreicht hat **(3)**. Dann wird er mit den übrigen Zutaten zum **Hauptteig (4)** weiterverarbeitet und muss nochmals etwas Zeit zum Aufgehen haben.

KLEINE TIPPS FÜR GUTES GELINGEN …

Für die meisten Blechkuchen braucht man ein großes Backblech. Für Blechkuchen mit Füllungen oder Fruchtbelag eignen sich Bleche mit einem hohen Rand am besten. Also einfache Obstkuchenbleche oder das tiefe backofeneigene Blech. Formen aus Schwarzblech geben die Hitze gut an den Inhalt ab und lassen den Kuchen schön goldbraun werden. Bleche und Formen am besten mit etwas Butter einfetten und mit Mehl ausstäuben.

Ein Blechkuchen-Rezept für ein Backblech kann man auch gut abändern, wenn es für weniger Personen sein soll. Einfach alle Zutatenmengen halbieren und das Backblech in der Mitte mit einem Steg aus Alufolie abteilen. Die Backzeiten bleiben gleich.

Und zum Schluss: Gegen Ende der Backzeit eine Garprobe machen, denn jeder Ofen ist anders. Dafür mit einem Holzstäbchen in den Kuchen stechen; haftet noch etwas Teig daran, den Kuchen noch kurze Zeit weiterbacken.

Blaubeerschnitten

FRUCHTIG HERB

Zutaten für 1 Backblech (30 cm x 40 cm)

Für den Teig:

300 g Mehl, plus etwas mehr zum Bestäuben
1 TL Backpulver
200 g Butter, plus etwas mehr zum Einfetten
100 g Zucker
1 Päckchen Vanillezucker
1 Ei

Für den Belag:

100 g Heidelbeergelee
500 g Blaubeeren
Puderzucker, zum Bestäuben (nach Belieben)

Für den Guss:

4 Eier
200 g Sahne
100 g Zucker

1. Für den Teig Mehl und Backpulver vermischen. Die Butter in einer Küchenmaschine mit Zucker, Vanillezucker und Ei schaumig rühren. Die Mehlmischung hinzufügen und alles mit einem Knethaken zu einem glatten Teig verrühren.

2. Das Backblech mit Butter einfetten und mit etwas Mehl bestäuben. Den Teig mit bemehlten Händen auf dem Backblech zu einem Boden ausarbeiten. Im vorgeheizten Backofen bei 180 °C etwa 15 Minuten vorbacken und danach abkühlen lassen.

3. Für den Belag das Heidelbeergelee glatt rühren und auf dem Boden verstreichen. Die verlesenen Blaubeeren darüber verteilen.

4. Für den Guss die Eier mit Sahne und Zucker verrühren. Die Ei-Sahne-Masse auf den Blaubeeren verteilen und den Kuchen bei 180 °C weitere 25 Minuten backen.

5. Den Kuchen erkalten lassen, in Stücke schneiden und nach Belieben vor dem Servieren mit Puderzucker bestreuen.

Zubereitungszeit: 35 Minuten / Backzeit: 40 Minuten

Zwetschgendatschi mit Butterstreuseln

WIE BEI GROSSMUTTER

Zutaten für 1 Backblech (30 cm x 40 cm)

Für den Teig:
110 g Butter
110 g Zucker
40 g Marzipanrohmasse, klein geschnitten
3 Eier
2 TL Vanillezucker
1 Prise Salz
abgeriebene Schale von 1/2 Zitrone
300 g Mehl
2 TL Backpulver
75 g gehackte Mandeln
4 EL Milch

Für die Streusel:
150 g Butter
80 g Zucker
2 TL Vanillezucker
abgeriebene Schale von 1/2 Zitrone
1 Prise Zimt
300 g Mehl

Für den Belag:
750–1000 g Zwetschgen

Puderzucker, zum Bestäuben

1. Für den Teig die Butter cremig rühren, dann Zucker, Marzipanstückchen und Eier unterrühren. Wenn die Masse locker und schaumig ist, Vanillezucker, Salz und Zitronenschale einrühren. Das Mehl mit Backpulver und Mandeln mischen. Die Mehlmischung unterrühren und nur so viel von der Milch hinzufügen, dass der Teig weich, aber nicht dickflüssig wird.

2. Für die Streusel die Butter in einem Topf zerlassen und mit Zucker, Vanillezucker, Zitronenschale und Zimt verrühren. Das Mehl hinzufügen und alles zu krümeligen Streuseln verarbeiten.

3. Für den Belag die Zwetschgen waschen, entsteinen und vierteln.

4. Den Teig auf einem mit Backpapier ausgelegten Backblech ausrollen, die Zwetschgen darauf verteilen und mit den Streuseln bestreuen. Im vorgeheizten Backofen bei 180 °C etwa 30 – 40 Minuten goldbraun backen. Nach der Hälfte der Backzeit den Kuchen mit Alufolie abdecken, damit er nicht zu braun wird. Vor dem Servieren mit Puderzucker bestäuben.

Zubereitungszeit: 30 Minuten / Backzeit: 30–40 Minuten

Mandel-Butterblechkuchen

DER KLASSIKER

Zutaten für 1 Backblech (30 cm x 40 cm)

Für den Teig:
400 g Mehl, plus etwas mehr zum Bestäuben
21 g frische Hefe
125 ml lauwarme Milch
30 g Zucker
70 g zerlassene Butter
1/2 TL Salz
2 Eier

Für den Belag:
300 g Butter
1/4 TL Salz
150 g gehobelte Mandeln
150 g Zucker
1/4 TL Zimt

1. Für den Teig das Mehl in eine Schüssel sieben und in die Mitte eine Mulde drücken. Die Hefe in der Milch auflösen, etwas Zucker zugeben und in die Mehlmulde gießen. Dünn mit Mehl bestäuben und den Vorteig zugedeckt an einem warmen, zugfreien Ort 10 Minuten gehen lassen.

2. Sobald die Oberfläche Risse zeigt, mit restlichem Zucker, Butter, Salz und Eiern zu einem glatten Teig verrühren. Den Teig so lange schlagen, bis er Blasen wirft und sich vom Schüsselrand löst. Den Teig auf einer bemehlten Arbeitsfläche gleichmäßig dick in Blechgröße ausrollen. Auf das ungefettete Backblech legen, mit einem Küchentuch zudecken und erneut gehen lassen.

3. Mit zwei Fingern in geringen Abständen so tiefe Löcher in den Teig drücken, dass sie sich beim Backen nicht wieder schließen können.

4. Für den Belag die Butter mit dem Salz schaumig rühren und in einen Spritzbeutel mit Lochtülle Nr. 6 füllen. Zwischen die Teiglöcher kleine Butter-Tupfen spritzen und die Butter in die Vertiefungen verlaufen lassen. Die Mandeln auf dem Teig verteilen. Den Zucker mit dem Zimt vermischen und großzügig über dem Kuchen verstreuen.

5. Den Kuchen im vorgeheizten Backofen bei 220 °C 5 Minuten backen, dann die Hitze auf 200 °C reduzieren und weitere 12–15 Minuten backen. Der Kuchen soll knusprig braun, aber innen schön weich sein.

6. Den fertigen Kuchen vor dem Servieren in rechteckige Stücke schneiden.

Zubereitungszeit: 90 Minuten / Backzeit: 15 – 20 Minuten

Rahmquark-Pflaumenmusblechkuchen

OMAS GEHEIMREZEPT

Zutaten für 1 Backblech (30 cm x 40 cm)

Für den Teig:

175 ml Milch
350 g Mehl, plus etwas mehr zum Bestäuben
21 g frische Hefe
1 Prise Salz
40 g Zucker
1 Ei
1/2 TL Vanillezucker
abgeriebene Schale von 1/2 Zitrone
60 g Butter, plus etwas mehr zum Einfetten

Für den Belag:

2 Eier
50 g Zucker
500 g Quark
2 EL Speisestärke
100 g Sahne
200 g Pflaumenmus

Für die Streusel:

200 g Mehl
100 g Zucker
1 Prise Zimt
100 g Butter

Puderzucker, zum Bestäuben

1. Die Milch in einem Topf leicht erwärmen. Das Mehl in eine Schüssel sieben und in die Mitte eine Mulde drücken. Die Hefe in die Mulde bröckeln, das Salz sowie die Hälfte des Zuckers über die Hefe streuen. 50 ml der Milch zugießen und mit einem Löffel einen zähflüssigen Vorteig anrühren. Mit einem Küchentuch abdecken und an einem warmen Ort 10 Minuten gehen lassen.

2. Den Vorteig mit Ei, restlichem Zucker, Vanillezucker, Zitronenschale und Butter in einer Küchenmaschine mit dem Knethaken bearbeiten. Nach und nach die restliche Milch unterrühren, bis der Teig glatt und geschmeidig ist. Nochmals zugedeckt weitere 30 Minuten gehen lassen.

3. In der Zwischenzeit für den Belag die Eier mit dem Zucker schaumig rühren, Quark und Speisestärke unterziehen. Die Sahne steif schlagen und unter die Quarkcreme heben.

4. Für die Streusel das Mehl mit Zucker und Zimt vermischen. Die Butter in kleine Stücke schneiden, zur Mehlmischung geben und alles mit den Händen zu Streuseln verkneten.

5. Den Hefeteig auf einem mit Butter eingefetteten und mit Mehl bestäubten Backblech vorsichtig ausrollen. Die Quarkcreme auf den Teig streichen, das Pflaumenmus in Klecksen darauf verteilen und die Streusel darüberstreuen. Im vorgeheizten Backofen bei 175 °C 35–40 Minuten goldbraun backen. Nach dem Ende der Backzeit den Ofen ausschalten und den Kuchen etwa 10 Minuten im Backofen ruhen lassen. Anschließend abkühlen lassen, in Stücke schneiden und mit Puderzucker bestäuben.

Zubereitungszeit: 40 Minuten / Ruhezeit: 40 Minuten / Backzeit: 35–40 Minuten

Apfel-Rumkuchen mit Walnussbaiser

SPÄTSOMMER-KUCHEN

Zutaten für 1 Backblech (30 cm x 40 cm)

Für den Teig:
200 g weiche Butter, plus etwas mehr zum Einfetten
100 g Zucker
3 Eigelb
Mark von 1/2 Vanillestange
4 EL Milch
230 g Mehl
50 g Speisestärke
2 TL Backpulver

Für den Belag:
50 g Rosinen
3 EL Rum
750 g säuerliche Äpfel, Boskop
abgeriebene Schale und Saft von 1/2 Zitrone
1/2 TL Zimt
50 g Zucker

Für die Baisermasse:
3 Eiweiß
100 g Zucker
Mark von 1/2 Vanillestange
120 g gemahlene Walnüsse

1. Zur Vorbereitung die Rosinen heiß waschen, trocken tupfen und in dem Rum 30 Minuten einweichen lassen.

2. Für den Teig die Butter mit dem Zucker schaumig rühren. Eigelb, Vanillemark und Milch unter die Buttermasse rühren. Das Mehl mit Speisestärke und Backpulver vermischen und esslöffelweise unter den Teig ziehen.

3. Für den Belag die Äpfel schälen, vom Kerngehäuse befreien, vierteln und grob raspeln. Zitronenschale und Saft mit Zimt und Zucker und eingeweichten Rosinen unter die geraspelten Äpfel mischen.

4. Den Teig auf ein mit Butter eingefettetes Backblech streichen und die Apfelmasse darauf verteilen. Den Kuchen im vorgeheizten Backofen bei 200 °C auf der mittleren Schiene 25 Minuten backen.

5. Inzwischen für die Baisermasse Eiweiß mit Zucker und Vanillemark steif schlagen. Die gemahlenen Walnüsse vorsichtig mit dem Eischnee vermengen.

6. Die Baisermasse auf den vorgebackenen Apfelkuchen streichen und den Kuchen bei 200 °C weitere 20 Minuten auf der unteren Schiene fertig backen.

Zubereitungszeit: 45 Minuten / Backzeit: 45 Minuten

Bienenstich mit Mandelkrokant

Zutaten für 1 Backblech (30 cm x 40 cm)

Für den Teig:
500 g Mehl
21 g frische Hefe
80 g Zucker
200 ml lauwarme Milch
1 Prise Salz
Schale von 1/2 Zitrone
2 Eier
2 TL Vanillezucker
80 g weiche Butter

Für den Belag:
5–6 EL Milch
100 g Butter
200 g Zucker
200 g gehobelte Mandeln

Für die Füllung:
500 ml Milch
Mark von 1/2 Vanillestange
3 Eigelb
50 g Zucker
50 g Speisestärke
100 g weiche Butter
100 g Puderzucker, gesiebt

1. Für den Teig das Mehl in eine Schüssel sieben, in die Mitte eine Mulde drücken. Die Hefe hineinbröckeln und mit 1 Teelöffel Zucker, etwas lauwarmer Milch und Mehl verrühren. Den Vorteig zugedeckt an einem warmen Ort 15 Minuten gehen lassen, bis er etwa das doppelte Volumen erreicht hat.

2. Salz, abgeriebene Zitronenschale, Eier, Vanillezucker und Butter um den Vorteig herum verteilen. Alles kräftig mit den Knethaken des Handrührgeräts einarbeiten und dabei so viel von der restlichen Milch hinzufügen, bis der Teig weich, aber nicht klebrig wird. Nochmals zugedeckt an einem warmen Ort etwa 30 Minuten aufgehen lassen, bis der Teig das doppelte Volumen erreicht hat.

3. Den Teig auf einem mit Backpapier ausgelegten Backblech etwa 1,5 cm dick ausrollen und weitere 15 Minuten zugedeckt gehen lassen.

4. Inzwischen für den Belag die Milch mit der Butter aufkochen. Zucker und Mandeln zugeben und bei niedriger Temperatur so lange köcheln lassen, bis die Masse eingedickt und etwas glasig, aber nicht braun ist.

5. Die abgekühlte Butter-Mandel-Masse locker auf dem Teig verteilen, dabei den Belag nicht festdrücken. Im vorgeheizten Backofen bei 200 °C etwa 25 Minuten goldbraun backen. Den Kuchen vorsichtig vom Blech nehmen und erkalten lassen.

6. Für die Füllung die Milch mit dem Vanillemark in einem Topf erhitzen. Das Eigelb mit dem Zucker in einer Schüssel schaumig schlagen und die Speisestärke unterrühren. Nach und nach in die heiße Vanillemilch rühren und die Creme unter ständigem Rühren noch einmal aufkochen lassen. Vom Herd nehmen. Während die Creme abkühlt, die Butter cremig rühren und den gesiebten Puderzucker unterrühren. Dann die Vanillecreme löffelweise unterheben.

7. Den kalten Kuchen längs in breite Streifen schneiden und horizontal mittig durchschneiden. Die unteren Hälften mit der Buttercreme bestreichen, die oberen Hälften daraufsetzen und mit einem scharfen Messer in Portionsstücke schneiden.

Zubereitungszeit: 30 Minuten / Ruhezeit: 60 Minuten / Backzeit: 25 Minuten

Schokokuchen mit Backobst

Zutaten für 1 Backblech (30 cm x 40 cm)

Für den Teig:
200 g gemischtes Backobst
40 ml Rum
200 g Mehl
1 TL Backpulver
100 g Zartbitter-Kuvertüre
200 g weiche Butter
150 g Puderzucker
2 TL Vanillezucker
1 Prise Salz
4 Eier

1. Für den Teig das Backobst grob hacken und in dem Rum etwa 30 Minuten einweichen.

2. In der Zwischenzeit das Mehl mit dem Backpulver vermischen. Die Kuvertüre in kleine Stücke schneiden und im heißen Wasserbad schmelzen lassen. Die Butter in einer Küchenmaschine schaumig rühren. Puderzucker, Vanillezucker und Salz hinzufügen und zu einer glatten Masse verrühren. Nach und nach Eier und geschmolzene Schokolade einrühren. Die Mehlmischung darübersieben und mit dem Backobst unterheben.

3. Den Teig auf einem mit Backpapier ausgelegten Backblech glatt streichen. Im vorgeheizten Backofen bei 180 °C etwa 30 Minuten backen.

4. Den Kuchen auskühlen lassen und zum Servieren in Stücke schneiden.

Zubereitungszeit: 35 Minuten / Backzeit: 30 Minuten

Preußischer Schwarz-Weiß-Blechkuchen mit Streuseln

Zutaten für 1 Backblech (30 cm x 40 cm)

Für den Teig:

250 g Butter, plus etwas mehr zum Einfetten
200 g Zucker
4 Eier
200 g Mehl
40 g Kakaopulver
3 TL Backpulver

Für die Streusel:

110 g Mehl
40 g Zucker
50 g Butter

Für die Creme:

350 ml Milch
1 Päckchen Vanille-Puddingpulver
1 TL Vanillezucker

1. Für den Teig Butter und Zucker schaumig rühren. Die Eier nach und nach einzeln unterrühren. Das Mehl mit Kakao und Backpulver mischen, über die Buttermischung sieben und unterrühren.

2. Für die Streusel das Mehl mit dem Zucker mischen. Die Butter in kleine Stückchen schneiden, hinzufügen und alles mit den Händen zu kleinen Streuseln verarbeiten.

3. Für die Creme die Milch aufkochen. Das Puddingpulver mit Vanillezucker und 4 Esslöffeln Milch anrühren, in die Milch gießen, unter Rühren einmal aufkochen und abkühlen lassen.

4. Den Teig auf ein mit Butter eingefettetes Backblech streichen. Die Puddingcreme mit einem Teelöffel in kleinen Portionen auf dem Kuchenteig verteilen. Mit dem Stiel eines Kochlöffels Creme und Teig zu einem schwarz-weißen Muster ineinanderziehen. Den Kuchen mit den Streuseln bestreuen und im vorgeheizten Backofen bei 170 °C etwa 30 Minuten backen.

Zubereitungszeit: 45 Minuten / Backzeit: 30 Minuten

Elsässer Apfel-Cremekuchen

FÜR FEIN-SCHMECKER

Zutaten für 1 Backblech (30 cm x 40 cm)

Für den Teig:
250 g Mehl, plus etwas mehr zum Bestäuben
80 g Zucker
1 Prise Salz
120 g Butter
1 Ei

Für den Belag:
1 kg kleine säuerliche Äpfel, Boskop
2 EL Zitronensaft
60 g Mandelblättchen
3 Eier
100 g Zucker
125 g Sahne
50 g Crème fraîche
abgeriebene Schale von 1 Zitrone
Puderzucker, zum Bestäuben

1. Für den Teig das Mehl mit Zucker und Salz vermischen. Die Butter in kleine Stücke schneiden, mit der Mehlmischung vermengen und das Ei hinzufügen. Alles mit den Händen zu einem glatten Teig verarbeiten. In Frischhaltefolie wickeln und 1 Stunde im Kühlschrank ruhen lassen.

2. Den Teig auf einer bemehlten Arbeitsfläche etwa 3 mm dick ausrollen und ein Blech damit auslegen. Den überstehenden Rand abschneiden.

3. Die Äpfel schälen, vom Kerngehäuse befreien und halbieren. Die Hälften auf der Außenseite der Länge nach einkerben und mit dem Zitronensaft beträufeln. Den Teig mit den Apfelhälften belegen und darauf die Mandelblättchen verteilen.

4. Inzwischen die Eier mit Zucker, Sahne, Crème fraîche und Zitronenschale verrühren. Die Mischung über die Äpfel gießen und zwischen den Äpfeln gleichmäßig verlaufen lassen.

5. Im vorgeheizten Backofen bei 190 °C etwa 30 Minuten backen. Den Kuchen etwas abkühlen lassen und noch lauwarm aus der Form nehmen. Mit Puderzucker bestäuben und sofort servieren.

Zubereitungszeit: 35 Minuten / Ruhezeit: 60 Minuten / Backzeit: 30 Minuten

Orangenkuchen

SAFTIG & SOMMERLICH

Zutaten für 1 kleines Backblech (20 cm x 30 cm)

Für den Rührteig:
2 Eigelb
125 g Zucker
abgeriebene Schale von 1 Orange
1 Prise Salz
2 Eiweiß
25 g Biskuitbrösel, plus etwas mehr zum Bestreuen
15 g Mehl
75 g gemahlene Mandeln
15 g zerlassene Butter, plus etwas mehr zum Einfetten

Für die Glasur:
80 g Zucker
50 g Aprikosenmarmelade
250 ml Orangensaft
20 ml Orangenlikör
Zesten von 1 Orange
Mandelblättchen, zum Bestreuen (nach Belieben)

1. Für den Rührteig das Eigelb mit der Hälfte des Zuckers, Orangenschale und Salz schaumig rühren. Das Eiweiß steif schlagen und dabei den restlichen Zucker einrieseln lassen. Den Eischnee unter die Eigelbmasse heben. Die Biskuitbrösel mit Mehl, Mandeln und zerlassener Butter unterrühren. Den Teig in eine mit Butter eingefettete und mit Biskuitbröseln ausgestreute Form füllen und im vorgeheizten Backofen bei 190 °C etwa 40–45 Minuten backen. Den ausgekühlten Kuchen auf ein Kuchengitter stürzen.

2. Für die Glasur Zucker, Aprikosenmarmelade, Orangensaft, Orangenlikör und Zesten aufkochen und auf ca. zwei Drittel der Menge einkochen. Den Kuchen damit bestreichen und je nach Wunsch mit Mandelblättchen dekorativ bestreuen.

TIPP:
Der Orangenkuchen schmeckt noch fruchtiger, wenn man ihn einen Tag stehen lässt – dann hat sich das Orangenaroma voll entfaltet.

Zubereitungszeit: 60 Minuten / Backzeit: 40–45 Minuten

Nussblechkuchen mit Preiselbeeren

Zutaten für 1 Backblech (30 cm x 40 cm)

Für den Teig:
400 g gemahlene Haselnüsse
50 g Semmelbrösel
2 TL Backpulver
6 Eier
220 g Zucker
130 g Wildpreiselbeeren aus dem Glas
100 g Vollmilch-Kuvertüre

1. Für den Teig die gemahlenen Haselnüsse mit Semmelbröseln und Backpulver vermischen. Die Eier zusammen mit dem Zucker schaumig rühren und mit der Haselnussmischung vermengen. Den Teig auf einem mit Backpapier ausgelegten Backblech glatt streichen.

2. Den Teig mit den Preiselbeeren bestreichen und im vorgeheizten Backofen bei 180 °C 30 Minuten backen. Danach den Nusskuchen im abgeschalteten Backofen noch 5 Minuten stehen lassen. Herausnehmen und auskühlen lassen.

3. In der Zwischenzeit die Kuvertüre in kleine Stücke schneiden und im heißen Wasserbad schmelzen. Die flüssige Schokolade mit einer Gabel netzartig über den Kuchen träufeln und fest werden lassen. Vor dem Servieren in Stücke schneiden.

TIPP:
Die flüssige Kuvertüre in einen Gefrierbeutel füllen, die Spitze einer Ecke abschneiden und auf diese Weise den Kuchen mit feinen Streifen verzieren.

Zubereitungszeit: 20 Minuten / Backzeit: 30 Minuten

Spanischer Mandelblechkuchen

FÜR DEN BESUCH

Zutaten für 1 kleines Backblech (20 cm x 30 cm)

Für den Teig:
200 g ungeschälte Mandeln
5 Eier
110 g Zucker
30 g Instantmehl, plus 1 EL Mehl zum Bestäuben
60 ml Milch
abgeriebene Schale von 1 Zitrone
1 Prise Salz
10 g Butter, zum Einfetten
Puderzucker, zum Bestäuben

1. Die Mandeln in einen Topf geben, mit Wasser bedecken und einmal aufkochen lassen. In ein Sieb gießen und kurz mit kaltem Wasser abschrecken. Die Mandeln aus der Schale drücken, auf einer Arbeitsfläche mit Küchenpapier trocknen und in einem Küchenmixer nach und nach fein mahlen.

2. Die Eier trennen und das Eigelb mit dem Zucker schaumig schlagen. Die gemahlenen Mandeln mit dem Instantmehl vermischen und zusammen mit Milch und abgeriebener Zitronenschale untermischen. Das Eiweiß mit der Prise Salz steif schlagen. Den Eischnee in zwei Portionen unter die Mandelmasse heben.

3. Ein Backblech mit Butter einfetten und mit 1 Esslöffel Instantmehl bestäuben. Die Mandelmasse darauf vorsichtig verteilen und die Oberfläche glatt streichen. Im vorgeheizten Backofen bei 180 °C 35–40 Minuten backen. Gegen Ende der Backzeit mit Alufolie abdecken, damit der Kuchen nicht zu dunkel wird.

4. Den Kuchen auf einem Kuchengitter auskühlen lassen und in Stücke schneiden. Vor dem Servieren mit etwas Puderzucker bestäuben.

TIPP:
Mit frisch gemahlenen Mandeln gelingt der Kuchen besonders gut – aromatisch und saftig!

Zubereitungszeit: 60 Minuten / Backzeit: 35–40 Minuten

Zitronencreme-Blechkuchen

SÜSS-SAUER

Zutaten für 1 Backblech (30 cm x 40 cm)

Für den Teig:
200 g Mehl
100 g kalte Butter, plus etwas mehr zum Einfetten
60 g Zucker
1 TL Vanillezucker
1 Prise Salz
1 Ei

Für die Zitronenfüllung:
6 Eier
125 g Butter
350 g Zucker
Schale und Saft von 4 Zitronen
Puderzucker, zum Bestäuben

1. Das Mehl auf eine Arbeitsfläche sieben und die kalte Butter in kleinen Stückchen auf dem Mehl verteilen. Zucker, Vanillezucker und Salz zugeben und alles mit möglichst kühlen Händen zu einem Teig verkneten. Das Ei hinzufügen und untermengen. Den Teig zu einer Kugel formen und in Frischhaltefolie gewickelt 1 Stunde im Kühlschrank kalt stellen.

2. Den Teig ausrollen und das mit Butter eingefettete Backblech damit auslegen. Den Boden mit einer Gabel mehrmals einstechen und im vorgeheizten Backofen bei 180 °C etwa 10 Minuten vorbacken.

3. Für die Füllung die Eier verquirlen. Mit Butter und Zucker in einem Topf bei niedriger Temperatur unter ständigem Rühren erwärmen, bis sich der Zucker aufgelöst hat. Die Zitronenschale samt dem Saft hinzufügen und so lange köcheln lassen, bis die Creme eindickt.

4. Dann die Creme auf den vorgebackenen Boden gießen und im vorgeheizten Backofen bei 180 °C 15–20 Minuten fertig backen. Dabei sollte die Zitronencreme möglichst wenig Farbe annehmen.

5. Den Kuchen vor dem Servieren mit etwas Puderzucker bestäuben.

Zubereitungszeit: 30 Minuten / Kühlzeit: 60 Minuten / Backzeit: 25–30 Minuten

Kleckskuchen mit Apfel und Mohn

Zutaten für 1 Backblech (30 cm x 40 cm)

Für den Teig:
42 g frische Hefe
150 ml warme Milch
400 g Mehl, plus etwas mehr zum Bestäuben
150 g weiche Butter, plus etwas mehr zum Einfetten
120 g Zucker
1 Prise Salz

Für die Mohnmasse:
250 ml Milch
50 g Butter
50 g Semmelbrösel
200 g gemahlene Mohnsaat
150 g Zucker
20 ml Rum

Für den Belag:
3 Eigelb
100 g Butter
100 g Zucker
1 TL Vanillezucker
100 ml Milch
500 g Magerquark
30 g Speisestärke
Schale und Saft von 1 Zitrone
4 Äpfel, Boskop oder Cox Orange

Puderzucker, zum Bestäuben

1. Für den Teig die Hefe in der Milch glatt rühren und in einer Küchenmaschine mit Mehl, weicher Butter, Zucker und Salz mithilfe der Knethaken zu einem Teig verarbeiten. Den Teig zugedeckt an einem warmen Ort etwa 30 Minuten gehen lassen, bis er das doppelte Volumen erreicht hat.

2. Für die Mohnmasse die Milch mit der Butter aufkochen. Die Semmelbrösel unter Rühren einrieseln lassen, aufkochen und bei schwacher Hitze etwa 5 Minuten quellen lassen. Mohn, Zucker und Rum unterrühren.

3. Für den Belag das Eigelb mit 50 g Butter, Zucker und Vanillezucker cremig rühren. Die Milch mit Quark, Stärke, Zitronenschale und der Hälfte des Zitronensafts verrühren und mit der Eiermasse vermengen.

4. Den Teig auf einer bemehlten Arbeitsfläche nochmals kräftig durchkneten. Damit ein glatter Teig entsteht, bei Bedarf noch etwas Mehl zugeben. Den Teig auf einem mit Butter eingefetteten Backblech ausrollen und nochmals zugedeckt etwas gehen lassen.

5. In der Zwischenzeit die Äpfel schälen, vom Kerngehäuse befreien, vierteln, in schmale Spalten schneiden und sofort mit dem restlichen Zitronensaft beträufeln.

6. Erst die Quarkmasse auf dem Teig verstreichen. Dann die Mohnmasse in einer zweiten Schicht darüberstreichen. Die Apfelspalten auf der Mohnschicht verteilen und etwas andrücken. Im vorgeheizten Backofen bei 180 °C etwa 45 Minuten backen.

7. Die restliche Butter zerlassen und den fertigen, noch warmen Kuchen damit bestreichen. Vor dem Servieren mit Puderzucker bestäuben.

TIPP:
Wer keine Mohnmühle hat, kann gemahlenen Mohn beim Bäcker vorbestellen. Oder stattdessen 500 g fertige Mohnmasse verwenden und die übrigen Zutaten weglassen.

Zubereitungszeit: 30 Minuten / Ruhezeit: 40 Minuten / Backzeit: 45 Minuten

Milchreiskuchen mit weißer Schokolade und Pflaumen

Zutaten für 1 Backblech (30 cm x 40 cm)

Für den Mürbeteig:
- 200 g Mehl, plus etwas mehr zum Bestäuben
- 1 Prise Salz
- 100 g kalte Butter
- 1 Ei
- 60 g Zucker

Für den Milchreis:
- 1 Vanillestange
- 750 ml Milch
- 250 g Milchreis
- 140 g Zucker
- Schale und Saft von 1 Orange
- 1 Zimtstange

Für die Füllung:
- 180 g Backpflaumen
- 60 ml Armagnac
- 4 Eier
- 1 Prise Salz
- 100 g Zucker
- 250 g Crème fraîche
- 100 g weiße Schokolade, gerieben

- Puderzucker, zum Bestäuben

1. Zur Vorbereitung die Backpflaumen in dem Armagnac 1 Stunde lang einweichen.

2. Für den Teig das Mehl mit der Prise Salz vermischen, auf eine Arbeitsfläche geben und in die Mitte eine Mulde drücken. Die kalte Butter in kleine Stücke schneiden und mit Ei und Zucker in die Mulde geben. Alles schnell zu einem glatten Teig verkneten. In Frischhaltefolie wickeln und 30 Minuten im Kühlschrank kalt stellen.

3. Für den Milchreis die Vanillestange aufschneiden und das Mark auskratzen. Die Milch mit Milchreis, Zucker, Orangenschale, Saft, Zimtstange, Vanillestangenhälften und Mark in einem Topf aufkochen und bei niedriger Temperatur etwa 20 Minuten köcheln lassen. Gelegentlich umrühren. In eine Schüssel umfüllen, mit Frischhaltefolie abdecken und abkühlen lassen, bis die Masse lauwarm ist.

4. Den Teig auf einer bemehlten Arbeitsfläche kurz durchkneten. Die Hälfte des Teigs ausrollen und den Boden eines mit Backpapier ausgelegten Blechs damit auslegen. Den restlichen Teig zu einer Rolle formen und zu einem Rand drücken. Den Teig mehrmals mit einer Gabel einstechen.

5. Für die Füllung die Eier trennen. Das Eiweiß mit der Prise Salz steif schlagen und dabei 2 Esslöffel Zucker einrieseln lassen. Das Eigelb mit Crème fraîche, Schokolade und restlichem Zucker verrühren. Zimt- und Vanillestange aus dem Milchreis nehmen. Den Reis mit der Creme verrühren und den Eischnee unterheben. Die Hälfte der Reiscreme auf den Mürbeteig streichen und mit der Hälfte der eingelegten Backpflaumen belegen. Die restliche Creme daraufstreichen und mit den übrigen Pflaumen belegen. Im vorgeheizten Backofen 180 °C 50–60 Minuten backen. Falls der Teig zu stark bräunt, rechtzeitig mit Alufolie abdecken.

6. Zum Servieren mit Puderzucker bestäuben.

Zubereitungszeit: 45 Minuten / Kühlzeit: 30 Minuten / Backzeit: 50–60 Minuten

Kirsch-Walnusskuchen

NEU KOMBINIERT

Zutaten für 1 kleines Backblech (20 cm x 30 cm)

Für den Teig:
150 g weiche Butter, plus etwas mehr zum Einfetten
150 g Zucker
4 Eier
200 g gemahlene Walnüsse

Für die Füllung:
500 g frische Herzkirschen
100 g Zartbitter-Kuvertüre
Semmelbrösel, zum Ausstreuen
Puderzucker, zum Bestäuben

1. Zur Vorbereitung die Kirschen waschen, abtrocknen und entsteinen. Die Schokolade raspeln.

2. Für den Teig die Butter mit dem Zucker in einer Küchenmaschine schaumig rühren. Die Eier trennen. Das Eigelb nacheinander unter die Buttermasse rühren. Das Eiweiß steif schlagen.

3. Die geraspelte Schokolade mit den gemahlenen Walnüssen unter die Buttermasse rühren und den Eischnee unterheben.

4. Das Backblech mit Butter einfetten und mit Semmelbröseln ausstreuen. Den Teig einfüllen und die Kirschen darauf verteilen.

5. Den Kuchen im vorgeheizten Backofen bei 180 °C auf der unteren Schiene 50 Minuten backen. Nach dem Ende der Backzeit den Kirschkuchen noch weitere 10 Minuten im ausgeschalteten Backofen stehen lassen.

6. Den erkalteten Kuchen vor dem Servieren mit Puderzucker bestäuben.

Zubereitungszeit: 25 Minuten / Backzeit: 50 Minuten

Kokosraspelkuchen mit braunem Zucker

Zutaten für 1 Backblech (30 cm x 40 cm)

Für den Teig:
750 g frisch geriebenes Kokosnussfleisch
900 ml Kokoswasser, mit Wasser aufgefüllt
4 Eier
450 g brauner Zucker
160 g Mehl
80 g Speisestärke
3 TL Backpulver
1/2 TL gemahlener Kardamom
1/2 TL Zimt
120 g gemahlene Mandeln

Für den Belag:
150 g Ingwerkonfitüre
100 g Kokosraspel

1. Die Kokosraspel mit dem Kokoswasser in mehreren Portionen im Mixer verarbeiten, bis die Kokosraspel ganz fein zermahlen sind. Die Kokosraspelmasse in eine Schüssel geben.

2. Die Eier trennen. Das Eigelb mit der Hälfte des Zuckers schaumig schlagen. Die Kokosmasse zugeben und kräftig rühren. Das Mehl mit Speisestärke, Backpulver, Kardamom, Zimt und Mandeln vermischen. Die Mehlmischung unter die Kokosmasse rühren. Das Eiweiß steif schlagen und dabei den restlichen Zucker langsam einrieseln lassen. Den Eischnee vorsichtig unter die Kokosmasse heben.

3. Die Masse auf ein mit Backpapier ausgelegtes Blech streichen und im vorgeheizten Backofen bei 160 °C etwa 80 Minuten goldbraun backen. Den Kuchen abkühlen lassen, aus der Form nehmen und auf einem Kuchengitter erkalten lassen.

4. Für den Belag die Ingwerkonfitüre erwärmen, durch ein Sieb streichen und den Kuchen damit bestreichen. Die Kokosraspel im Ofen oder in einer Pfanne goldgelb rösten und über den Kuchen streuen. Zum Servieren den Kuchen in quadratische Stücke schneiden.

TIPP:
Frische Kokosnussstreifen sind oft im Supermarkt-Frischeregal erhältlich. Als Ersatz einfach 500 g trockene Kokosraspel mit 250 ml heißem Wasser übergießen und quellen lassen. Kokoswasser gibt es auch in der Dose. Die Menge bis zu den benötigten 900 ml mit Wasser auffüllen.

Zubereitungszeit: 50 Minuten / Backzeit: 80 Minuten

Schoko-Vanille-Kirschkuchen

UNWIDER-STEHLICH

Zutaten für 1 Backblech mit hohem Rand (30 cm x 40 cm)

Für den Mürbeteig:
450 g Mehl, plus etwas mehr zum Bestäuben
150 g Zucker
1 TL Vanillezucker
1 Prise Salz
30 g Kakaopulver
1 TL Backpulver
225 g kalte Butter, plus etwas mehr zum Einfetten
2 Eier

Für die Quarkmasse:
125 g Butter
750 g Kirschen
1 kg Magerquark
350 g Zucker
1 TL Vanillezucker
6 Eier
1 Päckchen Vanille-Puddingpulver

Für den Belag:
einige Kirschen
200 g Sahne
1 Päckchen Sahnesteif
Kakaopulver, zum Bestäuben

1. Für den Mürbeteig Mehl, Zucker, Vanillezucker, Salz, Kakao und Backpulver vermischen. Die kalte Butter in kleine Stücke schneiden und mit der Mehlmischung mit den Händen verkneten. Die Eier hinzufügen und alles zügig zu einem glatten Teig verkneten. In Frischhaltefolie wickeln und 30 Minuten im Kühlschrank kalt stellen.

2. Für die Quarkmasse die Butter in einem Topf zerlassen. Den Quark mit Zucker, Vanillezucker, Eiern und Puddingpulver in einer Schüssel verrühren und mit der zerlassenen Butter zu einer glatten Creme rühren. Die Kirschen waschen, abtropfen lassen und entsteinen.

3. Den Teig auf einer bemehlten Arbeitsfläche ausrollen und das mit Butter eingefettete Backblech mit dem Teig auslegen. Die Ränder fest andrücken. Den überschüssigen Teig mit einem Messer abschneiden und wieder zusammenkneten. Die Kirschen auf dem Teig verteilen und die Quarkmasse darüberstreichen. Den restlichen Teig in Stücke zupfen und auf der Masse verteilen.

4. Den Kuchen im vorgeheizten Backofen bei 175 °C 50 – 60 Minuten backen. Auskühlen lassen.

5. Die Sahne mit Sahnesteif steif schlagen und in einen Spritzbeutel geben. Den Kuchen mit Sahne und Kirschen verzieren und mit Kakaopulver bestäuben.

Zubereitungszeit: 60 Minuten / Ruhezeit: 30 Minuten / Backzeit: 50–60 Minuten

Großmutters Streuselkuchen

Zutaten für 1 Backblech (30 cm x 40 cm)

Für den Teig:
300 ml Milch
42 g frische Hefe
150 g Butter, plus etwas mehr zum Einfetten
500 g Mehl, plus etwas mehr zum Bestäuben
100 g Zucker
1 Prise Salz
abgeriebene Schale von 1 Zitrone

Für die Streusel:
400 g Mehl
250 g Zucker
1 TL Vanillezucker
250 g weiche Butter

1. Für den Hefeteig die Milch in einem Topf erwärmen, die Hefe hineinbröckeln und in der lauwarmen Milch auflösen. Mit einem Küchentuch abgedeckt an einem warmen Ort etwa 10 Minuten gehen lassen.

2. Die Butter in einem Topf zerlassen. Das Mehl in einer Küchenmaschine mit Zucker, zerlassener Butter, Salz und Zitronenschale verrühren. Die Hefe-Milch zufügen und mit dem Knethaken zu einem glatten Teig verarbeiten. Zugedeckt an einem warmen Ort 30 Minuten gehen lassen. Nochmals durchkneten und weitere 10 Minuten zugedeckt ruhen lassen.

3. Den Teig auf einer bemehlten Arbeitsfläche ausrollen und auf ein mit Butter eingefettetes Backblech legen. Zugedeckt nochmals 20 Minuten gehen lassen.

4. In der Zwischenzeit für die Streusel das Mehl mit Zucker, Vanillezucker und Butter vermengen und mit den Händen zu einer krümeligen Masse kneten.

5. Den Hefeteig mithilfe eines Pinsels mit etwas Wasser bestreichen und die Streusel gleichmäßig auf dem Teig verteilen.

6. Im vorgeheizten Backofen bei 180 °C etwa 30 Minuten backen. Auskühlen lassen und mit einem Sägemesser in 6 cm x 8 cm große Stücke schneiden.

Zubereitungszeit: 30 Minuten / Ruhezeit: 70 Minuten / Backzeit: 30 Minuten

Apfelblechkuchen mit Vanillecreme

Zutaten für 1 Backblech mit hohem Rand (30 cm x 40 cm)

Für den Teig:
300 g Mehl, plus etwas mehr zum Bestäuben
1 TL Backpulver
100 g Butter, plus etwas mehr zum Einfetten
150 g Magerquark
100 ml Milch
80 g Zucker
1 TL Vanillezucker
1 Prise Salz

Für den Belag:
2 Eier
1 Päckchen Vanille-Puddingpulver
350 ml Milch
150 g Sahne
100 g Zucker
1 Prise Salz
1,5 kg Äpfel, Golden Delicious
Saft von 1/2 Zitrone

Für den Guss:
60 g Aprikosenmarmelade
20 ml Aprikosenbrand

1. Für den Teig das Mehl mit dem Backpulver vermischen. Die Butter in einem Topf zerlassen. In einer Küchenmaschine die Mehlmischung mit Quark, Milch, zerlassener Butter, Zucker, Vanillezucker und Salz zu einem glatten Teig verarbeiten. Den Teig auf einer bemehlten Arbeitsfläche in der Größe des Backblechs ausrollen und das mit Butter eingefettete Backblech damit auslegen. An den Rändern 2 cm hoch andrücken.

2. Für den Belag die Eier trennen. Das Puddingpulver mit Eigelb und 4 Esslöffeln Milch anrühren. Restliche Milch und Sahne mit 80 g Zucker zum Kochen bringen. Das angerührte Puddingpulver unter Rühren zugießen und kurz aufkochen lassen. In eine Schüssel füllen und mit Frischhaltefolie abgedeckt im Kühlschrank abkühlen lassen.

3. Das Eiweiß mit der Prise Salz steif schlagen und unter den lauwarmen Pudding heben. Die Puddingmasse auf dem Teig verteilen und glatt streichen.

4. Die Äpfel schälen, von den Kerngehäusen befreien, vierteln, in schmale Spalten schneiden und mit restlichem Zucker sowie Zitronensaft vermischen. Die Puddingschicht dachziegelartig mit den Apfelspalten belegen. Im vorgeheizten Backofen bei 180 °C etwa 35 Minuten goldgelb backen und auskühlen lassen.

5. Für den Guss die Aprikosenmarmelade mit dem Aprikosenbrand verrühren, durch ein Sieb streichen und damit den Kuchen bestreichen. Vor dem Servieren in Stücke schneiden.

Zubereitungszeit: 45 Minuten / Backzeit: 35 Minuten

Butter-Aprikosenkuchen mit Mohnstreuseln

GUTE-LAUNE-KUCHEN

Zutaten für 1 Backblech (30 cm x 40 cm)

Für den Teig:

80 g Butter, plus etwas mehr zum Einfetten

250 g Mehl, plus etwas mehr zum Bestäuben

2 TL Backpulver

100 g Quark

50 ml Milch

1 Ei

50 g Zucker

Für den Belag:

750 g Aprikosen

1 EL Zitronensaft

500 g Sauerrahm

2 Eier

1 Päckchen Vanille-Puddingpulver

50 g Honig

Mohnsaat, zum Bestreuen

1. Für den Teig die Butter in einem Topf zerlassen. Das Mehl mit dem Backpulver vermischen und mit Quark, Milch, Ei und Zucker in einer Küchenmaschine zu einem glatten Teig verarbeiten. Den Teig auf einer bemehlten Arbeitsfläche ausrollen und ein mit Butter eingefettetes und mit Mehl bestäubtes Backblech damit auslegen. An den Rändern einen etwa 3 cm hohen Rand formen.

2. Für den Belag die Aprikosen waschen, halbieren, entsteinen und mit dem Zitronensaft vermischen. Den Sauerrahm mit Eiern, Vanille-Puddingpulver und Honig glatt rühren.

3. Die Sauerrahmmasse auf dem Teig verstreichen und mit den Aprikosen belegen. Im vorgeheizten Backofen bei 180 °C etwa 45 Minuten backen. Auskühlen lassen, in Stücke schneiden und vor dem Servieren mit Mohn bestreuen.

Zubereitungszeit: 40 Minuten / Backzeit: 45 Minuten

Cranberrywähe

IM SOMMER

Zutaten für 1 Backblech (30 cm x 40 cm)

Für den Teig:
250 g Blätterteig, Tiefkühlware aufgetaut
Mehl, zum Bestäuben

Für den Belag:
400 g Cranberrys
250 g Crème fraîche
100 g Zucker
1 TL Vanillezucker
3 Eier
1 EL Speisestärke
2 EL Semmelbrösel

1. Für den Teig die Blätterteigplatten nebeneinander auftauen lassen. Die Platten aufeinanderschichten und auf einer bemehlten Arbeitsfläche etwas größer als die Form ausrollen. In die Form legen, einen Rand hochziehen und den Boden mit einer Gabel mehrmals einstechen. Etwa 15 Minuten lang im Kühlschrank kalt stellen.

2. In der Zwischenzeit die Cranberrys waschen und trocken tupfen.

3. Für den Belag die Crème fraîche mit Zucker, Vanillezucker, Eiern und Speisestärke glatt rühren. Die Semmelbrösel auf den Teig streuen und die Crème-fraîche-Masse darauf verstreichen. Die Cranberrys darauf verteilen, leicht eindrücken.

4. Im vorgeheizten Backofen bei 190 °C etwa 35 Minuten goldbraun backen. Herausnehmen und in der Form auskühlen lassen. Danach vorsichtig auf eine Kuchenplatte heben und in Stücke schneiden.

TIPP:

Statt Cranberrys schmecken auch – je nach Jahreszeit – Äpfel, Aprikosen, Pfirsiche oder Zwetschgen sehr gut.

Zubereitungszeit: 30 Minuten / Backzeit: 40 Minuten

Stachelbeerkuchen

Zutaten für 1 Backblech (30 cm x 40 cm)

Für den Teig:

250 g Mehl, plus etwas mehr zum Bestäuben
60 g Zucker
1 Prise Salz
21 g frische Hefe
120 ml lauwarme Milch
1 Ei
Butter, zum Einfetten

Für die Füllung:

600 g Stachelbeeren
500 g Magerquark
20 g Speisestärke
120 g Zucker
1 TL Vanillezucker
abgeriebene Schale von 1 Zitrone
2 Eier
1 Prise Salz
1 EL Zitronensaft

Für die Streusel:

150 g Mehl
90 g Zucker
100 g Butter
abgeriebene Schale von 2 Zitronen

1. Für den Teig das Mehl in eine Schüssel sieben, in die Mitte eine Mulde drücken. Zucker und Salz auf den Mehlrand streuen. Die Hefe in der Mulde mit etwas Milch verrühren. Mit einem Küchentuch abgedeckt an einem warmen Ort etwa 30 Minuten gehen lassen.

2. Den Vorteig mit der Mehlmischung vom Rand, übriger Milch und Ei verkneten und zugedeckt weitere 30 Minuten gehen lassen.

3. In der Zwischenzeit die Stachelbeeren waschen und abtropfen lassen.

4. Für die Füllung den Quark mit den übrigen Zutaten glatt rühren.

5. Für die Streusel das Mehl mit dem Zucker vermischen. Butter sowie Zitronenschale hinzufügen und mit den Händen zu Streuseln von gewünschter Größe verarbeiten.

6. Den Teig auf einer bemehlten Arbeitsfläche ausrollen und ein mit Butter eingefettetes Backblech damit auslegen. Die Quarkmasse auf dem Teig glatt verstreichen und mit den Stachelbeeren belegen. Die Früchte etwas eindrücken. Die Streusel darüber verteilen. Im vorgeheizten Backofen bei 180 °C etwa 60 Minuten backen. Wenn die Brösel zu dunkel werden, den Kuchen mit Alufolie abdecken.

7. Den Kuchen auskühlen lassen, aus der Form lösen und vor dem Servieren in Stücke schneiden.

Zubereitungszeit: 40 Minuten / Ruhezeit: 60 Minuten / Backzeit: 60 Minuten

Erdbeerkuchen mit Mandelbiskuit

SONNTAGS-KUCHEN

Zutaten für 1 Backblech mit hohem Rand (30 cm x 40 cm)

Für den Teig:

2 Eier
80 g Zucker
1 EL Vanillezucker
1 Prise Salz
50 g Mehl
50 g Speisestärke

Für die Creme:

2 Eier
1 Päckchen Vanille-Puddingpulver
350 ml Milch
150 g Sahne
80 g Zucker
1 TL Vanillezucker

Für den Belag:

750 g Erdbeeren
3 Blatt Gelatine
250 ml Wasser
50 g Zucker
1 TL Zitronensaft
2 EL grob gehackte Pistazien

1. Für den Teig die Eier trennen. Das Eigelb in einer Küchenmaschine schaumig rühren, dabei Zucker und Vanillezucker einrieseln lassen. Das Eiweiß mit der Prise Salz steif schlagen. Das Mehl mit der Speisestärke vermischen und mit dem Eischnee unter die Eigelbmasse ziehen.

2. Ein Backblech mit Backpapier auslegen. Den Teig darauf verteilen und mit einem Palettenmesser glatt streichen. Im vorgeheizten Backofen bei 200 °C etwa 20 Minuten auf der unteren Schiene goldgelb backen. Abkühlen lassen, den Biskuitboden aus dem Backblech stürzen und das Backpapier vorsichtig abziehen. Den Boden wieder in das Backblech legen.

3. Für die Vanillecreme die Eier trennen. Das Eigelb mit Puddingpulver und 4 Esslöffeln Milch anrühren. Die restliche Milch mit Sahne, Zucker und Vanillezucker zum Kochen bringen. Das angerührte Puddingpulver unter Rühren zugießen, kurz aufkochen lassen und von der Kochstelle nehmen. Die Creme in eine Schüssel umfüllen, mit Frischhaltefolie abgedeckt im Kühlschrank 30 Minuten kalt stellen und danach kräftig mit einem Schneebesen durchrühren.

4. Für den Belag die Erdbeeren waschen und gut abtropfen lassen. Die Stiele abschneiden. Die Gelatine etwa 10 Minuten lang in kaltem Wasser einweichen. Das abgemessene Wasser mit Zucker und Zitronensaft aufkochen. Die Gelatine leicht ausdrücken und darin unter ständigem Rühren auflösen.

5. Den abgekühlten Biskuitboden mit der Vanillecreme bestreichen. Die Erdbeeren mit den Spitzen nach oben darauflegen und mit der abgekühlten Gelatine von der Mitte aus übergießen. Den Kuchen etwa 1 Stunde lang kalt stellen bis die Glasur fest geworden ist. Dann mit den gehackten Pistazien bestreuen und in Quadrate schneiden.

Zubereitungszeit: 40 Minuten / Backzeit: 20 Minuten / Kühlzeit: 1 Stunde

Leichte Beerenschnitten ohne Creme

Zutaten für 1 kleines Backblech (20 cm x 30 cm)

Für den Teig:
200 g Mehl, plus etwas mehr zum Bestäuben
70 g Zucker
1 Msp. abgeriebene Zitronenschale
2 Eigelb
120 g kalte Butter, plus etwas mehr zum Einfetten
Hülsenfrüchte, zum Blindbacken

Für den Belag:
200 g Himbeeren
300 g Brombeeren
300 g Heidelbeeren
3 Blatt Gelatine
200 ml klarer Apfelsaft
Saft von 1 Zitrone
30 g Puderzucker (nach Belieben)

1. Für den Teig das Mehl mit Zucker und Zitronenschale vermischen. Die Mischung auf eine Arbeitsfläche geben, in die Mitte eine Mulde drücken und das Eigelb hineingeben. Die kalte Butter in kleine Stücke schneiden und auf dem Rand verteilen. Alle Zutaten mit einem Messer durchhacken. Die Teigkrümel mit den Händen zu einem glatten Teig verkneten. Den Teig zu einer Kugel formen, in Frischhaltefolie wickeln und 30 Minuten im Kühlschrank kalt stellen.

2. Den Teig auf einer bemehlten Arbeitsfläche in Größe des Blechs ausrollen. Das mit Butter eingefettete und mit Mehl bestäubte Backblech damit auslegen, den Rand gut andrücken und nochmals 30 Minuten in den Kühlschrank stellen.

3. Den Teigboden mehrmals mit einer Gabel einstechen, mit Backpapier belegen und mit den Hülsenfrüchten beschweren. Im vorgeheizten Backofen bei 180 °C 20–25 Minuten knusprig backen. Die Hülsenfrüchte entfernen und auskühlen lassen.

4. Für den Belag die Beeren verlesen, waschen und abtropfen lassen. Die Gelatine 10 Minuten lang in kaltem Wasser einweichen. Den Apfelsaft mit dem Zitronensaft in einem kleinen Topf aufkochen und nach Belieben mit dem Puderzucker süßen. Vom Herd nehmen, die Gelatine leicht ausdrücken und in den Saft einrühren. Lauwarm abkühlen lassen und dabei gelegentlich umrühren.

5. Die Beeren auf dem ausgekühlten Kuchenboden verteilen und mit dem Guss überziehen. Den Kuchen 30 Minuten kalt stellen. Danach vorsichtig aus der Form nehmen und mit einem Sägemesser in Stücke schneiden.

Zubereitungszeit: 40 Minuten / Kühlzeit: 90 Minuten / Backzeit: 20–25 Minuten

Apfelkuchen mit Streuseln

Zutaten für 1 Backblech (30 cm x 40 cm)

Für den Teig:
200 g Butter
100 g Zucker
2 TL Vanillezucker
1 Prise Salz
3 Eigelb
1 Ei
350 g Mehl
2 TL Backpulver
80 ml Milch
abgeriebene Schale von 1 Zitrone

Für die Streusel:
150 g Mehl
90 g Zucker
100 g gemahlene Mandeln
150 g Butter

Für den Belag:
1,5 kg Äpfel, Boskop
Saft von 1 Zitrone

Puderzucker, zum Bestäuben

1. Für den Teig Butter, Zucker, Vanillezucker und Salz in einer Küchenmaschine schaumig rühren. Eigelb und ganzes Ei nacheinander zur Buttermischung geben und weitere 5 Minuten rühren. Das Mehl mit dem Backpulver vermischen, über die Buttermischung sieben. Milch und Zitronenschale hinzufügen und alles zu einem glatten Teig verrühren.

2. Für die Streusel das Mehl mit Zucker und gemahlenen Mandeln vermischen. Die Butter in kleine Stücke schneiden, zur Mehlmischung geben und alles mit den Händen zu Streuseln von gewünschter Größe verarbeiten.

3. Für den Belag die Äpfel schälen, vom Kerngehäuse befreien, vierteln, in Spalten schneiden und sofort mit dem Zitronensaft beträufeln. Den Teig auf ein mit Backpapier ausgelegtes Backblech streichen, mit den Apfelspalten belegen und mit den Butter-Mandel-Streuseln bestreuen.

4. Den Kuchen im vorgeheizten Backofen bei 170 °C etwa 50 Minuten goldbraun backen. Etwas abkühlen lassen, in Stücke schneiden und vor dem Servieren mit etwas Puderzucker bestreuen.

Tipp:
Mit frisch geschlagener Vanillesahne oder Vanilleeiscreme schmeckt der Kuchen besonders lecker.

Zubereitungszeit: 45 Minuten / Backzeit: 50 Minuten

Blätterteigschnitte mit Rotweinbirne

Zutaten für 1 kleines Backblech (20 cm x 30 cm)

Für den Teig:
300 g Blätterteig, Tiefkühlware aufgetaut
1 EL Sahne
1 Eigelb
Mehl, zum Bestäuben

Für den Belag:
1 Päckchen Vanille-Puddingpulver
500 ml Milch
40 g Zucker
1 TL Vanillezucker
250 g Magerquark

Für die Rotweinbirnen:
8–12 kleine Birnen, rote Williams
500 ml Rotwein
1 Zimtstange
60 g Zucker
1–2 EL gehackte Pistazien
Puderzucker, zum Bestäuben

1. Für den Teig die Blätterteigplatten nebeneinander auftauen lassen. Die Platten aufeinanderschichten und auf einer bemehlten Arbeitsfläche auf die Größe des Backblechs ausrollen. In das mit Backpapier ausgelegte Backblech legen und den Boden mit einer Gabel mehrmals einstechen. Die Sahne mit dem Eigelb verrühren und den Blätterteig damit bestreichen. Im vorgeheizten Backofen bei 200 °C etwa 20–25 Minuten goldbraun backen.

2. Den Blätterteigboden auf einem Kuchengitter abkühlen lassen. Mit einem Messer horizontal in zwei Hälften durchschneiden.

3. Für den Belag den Vanillepudding mit Milch und Zucker nach Packungsanweisung zubereiten. Den Pudding mit Vanillezucker und Quark zu einer glatten Creme verrühren.

4. Die Birnen schälen, halbieren und vom Kerngehäuse befreien. Den Rotwein mit Zimtstange und Zucker in einem Topf zum Kochen bringen und die Birnen darin etwa 10 Minuten lang gar ziehen lassen. Abtropfen.

5. Die Creme auf dem unteren Blätterteigboden verteilen und glatt streichen. Die Birnen mit den Schnittflächen nach unten auf die Creme legen und mit den gehackten Pistazien bestreuen. Den zweiten Teigboden daraufsetzen und leicht andrücken. Vor dem Servieren mit Puderzucker bestreuen und in Stücke schneiden.

Zubereitungszeit: 50 Minuten / Auskühlzeit: 1 Stunde / Backzeit: 20–25 Minuten

Rhabarberblechkuchen mit Eischaum

FEINHERB & FLUFFIG

Zutaten für 1 Backblech mit hohem Rand (30 cm x 40 cm)

Für den Teig:
400 g Mehl
160 g Zucker
1 Eigelb
1 Prise Salz
250 g Butter, in Stücke geschnitten

Für den Belag:
1 kg junger Rhabarber
60 g Zucker
100 g Himbeeren, Tiefkühlware aufgetaut
2 EL Vanillezucker

Für den Eischaum:
6 Eiweiß
1 Prise Salz
150 g Zucker

Puderzucker, zum Bestäuben

1. Für den Teig Mehl mit Zucker, Eigelb, Salz und Butter in einer Küchenmaschine mit Rührbesen zügig zu feinen Streuseln verarbeiten.

2. Die Teigstreusel in einem mit Backpapier ausgelegten Backblech verteilen und mit der flachen Hand fest drücken. Im vorgeheizten Backofen bei 180 °C etwa 15 Minuten vorbacken.

3. Für den Belag die Rhabarberstangen von den Enden und Blattansätzen befreien, die Haut von den unteren Enden abziehen, waschen, trocken tupfen und in etwa 2 cm große Stücke schneiden. Mit dem Zucker vermischen. Himbeeren und Vanillezucker hinzufügen und vermengen. Die Früchte auf dem vorgebackenen Streuselboden verteilen. Den Kuchen bei 180 °C weitere 35 Minuten backen.

4. In der Zwischenzeit das Eiweiß mit dem Salz in einer Küchenmaschine halb steif schlagen. Nach und nach den Zucker einrieseln lassen und cremigsteif schlagen.

5. Den Eischnee auf dem Kuchen mit einem Esslöffel verteilen. Den Kuchen bei 200 °C weitere 10 Minuten hellbraun backen.

6. Den Kuchen auskühlen lassen, mit Puderzucker bestäuben und in etwa 5 cm x 6 cm große Stücke schneiden.

Zubereitungszeit: 40 Minuten / Backzeit: 1 Stunde

Johannisbeerstreuselkuchen

Zutaten für 1 Backblech (30 cm x 40 cm)

Für den Teig:
175 ml Milch
350 g Mehl, plus etwas mehr zum Bestäuben
21 g Hefe
1 Prise Salz
60 g Zucker
1 Ei
1 TL Vanillezucker
60 g Butter, plus etwas mehr zum Einfetten

Für den Belag:
750 g Rote Johannisbeeren

Für die Streusel:
150 g Butter
80 g Zucker
2 TL Vanillezucker
abgeriebene Schale von 1/2 Zitrone
1 Prise Zimt
300 g Mehl

Puderzucker, zum Bestäuben

1. Für den Teig die Milch erwärmen und das Mehl in eine Schüssel sieben. In die Mitte eine Mulde drücken und die Hefe hineinbröckeln. Salz und die Hälfte des Zuckers über die Hefe streuen. 50 ml der Milch zugießen und mit einem Löffel einen zähflüssigen Vorteig anrühren. Mit einem Küchentuch abdecken und an einem warmen Ort etwa 10 Minuten gehen lassen.

2. Ei, restlichen Zucker, Vanillezucker und Butter zum Vorteig hinzufügen. In einer Küchenmaschine mit dem Knethaken die restliche Milch nach und nach einarbeiten und so lange kneten, bis der Teig glatt und geschmeidig ist. Abgedeckt weitere 30 Minuten gehen lassen.

3. Für den Belag die Johannisbeeren waschen, abtropfen lassen und von den Rispen zupfen.

4. Für die Streusel die Butter in einem Topf zerlassen und mit Zucker, Vanillezucker, Zitronenschale und Zimt verrühren. Zuletzt das Mehl hinzufügen und die Masse zu krümeligen Streuseln verarbeiten.

5. Den Teig auf einer bemehlten Arbeitsfläche auf die Größe des Backblechs ausrollen. Auf das mit Butter eingefettete und mit Mehl bestäubte Blech legen und mit einem Küchentuch abgedeckt nochmals 10 Minuten gehen lassen.

6. Danach die Johannisbeeren auf dem Teig verteilen und die Streusel darüber verteilen. Im vorgeheizten Backofen bei 170 °C 30–40 Minuten goldbraun backen. Nach der Hälfte der Backzeit den Kuchen mit Alufolie abdecken, damit er nicht zu braun wird. Vor dem Servieren mit Puderzucker bestäuben.

Tipp:

Anstelle von Johannisbeeren können auch Blaubeeren oder Brombeeren verwendet werden. Die Streusel können auch durch süßen Eischnee ersetzt werden.

Zubereitungszeit: 30 Minuten / Ruhezeit: 50 Minuten / Backzeit: 35–40 Minuten

Mango-Kokosblechkuchen

Zutaten für 1 Backblech (30 cm x 40 cm)

Für den Teig:
- 375 g Mehl
- 21 g frische Hefe
- 80 g Zucker
- 200 ml lauwarme Milch
- 1 Prise Salz
- Schale von 1/2 Zitrone
- 2 Eier
- 80 g weiche Butter, plus etwas mehr zum Einfetten

Für den Belag:
- 2 reife Mangos
- 2 EL zerlassene Butter
- 40 g weiche Butter
- 3 Eier
- 70 g brauner Zucker
- 500 g Quark
- 40 g Instantmehl
- 50 g Sahne
- Schale von 1/2 Zitrone
- 1 EL Rum
- 1 Prise Salz
- 2 Eigelb, verquirlt, zum Bestreichen
- 100 g frisches Kokosnussfleisch

1. Für den Hefeteig das Mehl in eine Schüssel geben, in die Mitte eine Mulde drücken und die Hefe hineinbröckeln. Mit 1 Teelöffel Zucker, etwas lauwarmer Milch und Mehl vom Rand verrühren, leicht mit Mehl überstäuben. Den Vorteig mit einem Küchentuch abdecken und an einem warmen Ort etwa 10 Minuten gehen lassen.

2. Am Schüsselrand restlichen Zucker, Salz, Zitronenschale, Eier und Butter verteilen. Alles gut mit den Knethaken in einer Küchenmaschine verarbeiten. Danach wieder zugedeckt etwa 30 Minuten an einem warmen Ort gehen lassen.

3. Inzwischen für den Belag die Mangos schälen, das Fruchtfleisch von den Steinen lösen und in dünne Scheiben schneiden. Zerlassene und weiche Butter schaumig rühren. Die Eier trennen. Eigelb und Zucker nach und nach unter die schaumige Butter rühren. Quark, Mehl, Sahne, Zitronenschale und Rum einrühren. Das Eiweiß mit einer Prise Salz zu steifem Schnee schlagen und unter die Quarkmasse heben.

4. Danach den Teig auf einer bemehlten Arbeitsfläche auf die Größe des Backblechs ausrollen und in ein mit Butter eingefettetes Backblech legen. Die Mangoscheiben auf dem Teig verteilen.

5. Die Quarkmasse gleichmäßig auf den Mangos verteilen. Mit dem verquirlten Eigelb bestreichen. Die Kokosnuss darüberraspeln. Im vorgeheizten Backofen bei 180 °C etwa 45 Minuten goldbraun backen. Auskühlen lassen und in Stücke schneiden.

Zubereitungszeit: 35 Minuten / Ruhezeit: 40 Minuten / Backzeit: 45 Minuten

Italienischer Traubenblechkuchen

Zutaten für 1 Backblech (30 cm x 40 cm)

Für den Teig:
350 g Mehl
21 g frische Hefe
250 ml lauwarmes Wasser
30 g Zucker
50 ml Olivenöl
1 Prise Salz

Füllung und Belag:
500 g blaue Weintrauben
500 g helle Weintrauben
40 g Butter
140 g Zucker

1. Das Mehl in eine Schüssel sieben und in die Mitte eine Mulde drücken. Die Hefe hineinbröckeln, in der Hälfte des Wassers auflösen, mit dem Zucker bestreuen und mit etwas Mehl zu einem zähflüssigen Vorteig vermischen. Mit einem Küchentuch abdecken und an einem warmen Ort 15 Minuten gehen lassen.

2. Den Vorteig mit Öl, Salz und restlichem Wasser in einer Küchenmaschine verrühren und mit einem Knethaken so lange bearbeiten, bis der Teig Blasen wirft und sich von der Schüsselwand löst. Abgedeckt weitere 15 Minuten ruhen lassen.

3. Inzwischen die Trauben von den Stielen abzupfen, waschen und abtropfen lassen. Die Butter in einem kleinen Topf zerlassen. Die Trauben mit Butter und Zucker verrühren und beiseitestellen.

4. Den Teig halbieren und auf einer bemehlten Arbeitsfläche zu zwei Teigplatten ausrollen. Eine Teigplatte auf ein mit Backpapier ausgelegtes Backblech legen und die Hälfte der Trauben gleichmäßig darauf verteilen. Die andere Teigplatte vorsichtig über die Trauben legen, damit die Früchte abgedeckt sind.

5. Die Ränder der Teigplatten mit den Fingern fest zusammendrücken.

6. Die übrigen Trauben darauflegen. Die obere Teigplatte mehrmals mit einem Holzstäbchen einstechen, damit beim Backen der Teig keine großen Blasen wirft. Den vorbereiteten Kuchen abdecken und etwa 30 Minuten ruhen lassen.

7. Im vorgeheizten Backofen bei 200 °C 30–35 Minuten backen. Abkühlen lassen und in Stücke schneiden.

Zubereitungszeit: 30 Minuten / Ruhezeit: 1 Stunde / Backzeit: 35 Minuten

Pfirsichkuchen mit Mandeln

Zutaten für 1 Backblech (30 cm x 40 cm):

Für den Teig:

250 g Mehl, plus etwas mehr zum Bestäuben

80 g gemahlene Mandeln

200 g Butter, plus etwas mehr zum Einfetten

1 Ei

100 g Zucker

1 Prise Salz

Für die Pfirsiche:

1 kg Pfirsiche

1 Vanillestange

125 ml Weißwein

50 g Zucker

50 g Mandelblättchen

Für die Creme:

2 Eier

100 g Zucker

250 g Crème fraîche

abgeriebene Schale von 1 Zitrone

50 g Speisestärke

1 Prise Salz

1. Für den Teig das Mehl mit den gemahlenen Mandeln vermischen. Die Butter in Stücke schneiden, Ei, Zucker und Salz hinzufügen. Alles in einer Küchenmaschine mit einem Knethaken zu einem glatten Teig verarbeiten. In Frischhaltefolie wickeln und 30 Minuten in den Kühlschrank geben.

2. Die Haut der Pfirsiche mit einem kleinen Messer kreuzweise einritzen. Für 15 Sekunden in kochendes Wasser geben, mit einer Schaumkelle herausnehmen und sofort in kaltes Wasser tauchen. Nun die Haut abziehen, vierteln und den Stein herausnehmen. Die Vanillestange aufschneiden und das Mark auskratzen. Den Weißwein mit Zucker, Vanillehälften und Mark zum Kochen bringen. Die Pfirsiche darin 15 Minuten lang dünsten und dann abtropfen lassen.

3. Den Teig auf einer bemehlten Arbeitsfläche in der Größe des Backblechs ausrollen und in das mit Butter eingefettete Blech legen. Den Rand etwa 2 cm hoch andrücken.

4. Die Pfirsiche mit den Schnittflächen nach unten auf dem Teig verteilen und den Kuchen im vorgeheizten Backofen bei 180 °C etwa 15 Minuten vorbacken. Herausnehmen und mit den Mancelblättchen bestreuen.

5. Für die Creme die Eier trennen. Eigelb und Zucker schaumig rühren. Crème fraîche, Zitronenschale und Speisestärke zugeben und verrühren. Das Eiweiß mit dem Salz steif schlagen und unter die Eigelbmasse heben. Die Creme über die Pfirsiche verteilen, glatt streichen und den Kuchen bei gleicher Temperatur weitere 25 Minuten backen.

6. Den Pfirsichkuchen kurz abkühlen lassen, dann aus der Form lösen und auf einem Kuchengitter erkalten lassen.

Zubereitungszeit: 50 Minuten / Ruhezeit: 30 Minuten / Backzeit: 40 Minuten

Rhabarberschnitten unter Mandelstreuseln

FÜR FEIN-SCHMECKER

Zutaten für 1 Backblech (30 cm x 40 cm)

Für den Teig:
400 g Mehl, plus etwas mehr zum Bestäuben
2 TL Backpulver
250 g Butter, plus etwas mehr zum Einfetten
125 g Zucker
4 Eier
1 Prise Salz
100 ml Milch

Für den Belag:
1 kg Rhabarber
50 g Zucker
2 TL Vanillezucker

Für die Streusel:
100 g Mehl
100 g gemahlene Mandeln
80 g Zucker
100 g Butter

Puderzucker, zum Bestäuben

1. Für den Teig Mehl und Backpulver vermischen. Die Butter schaumig rühren, dabei nach und nach Zucker, Eier und Salz unterrühren. Die Milch nach und nach einrühren, bis ein glatter Teig entsteht. Den Teig auf einem mit Butter eingefetteten und mit Mehl bestäubten Backblech verteilen und mit einem Palettenmesser glatt streichen.

2. Für den Belag die Rhabarberstangen von Stielenden und Blattansätzen befreien, die Haut von den unteren Enden abziehen, waschen, trocken tupfen und in etwa 2 cm große Stücke schneiden. Den Rhabarber mit Zucker und Vanillezucker vermischen.

3. Für die Streusel das Mehl mit Mandeln und Zucker mischen. Die Butter in kleine Stücke schneiden und alles mit den Händen zu Streuseln verkneten.

4. Den Rhabarber auf dem Teig verteilen und mit den Streuseln bestreuen. Im vorgeheizten Backofen bei 180 °C etwa 45 Minuten backen. Aus dem Backofen nehmen, auskühlen lassen. Vor dem Servieren in Stücke schneiden und mit Puderzucker bestäuben.

Zubereitungszeit: 45 Minuten / Backzeit: 45 Minuten

Donauwellen

Zutaten für 1 Backblech (30 cm x 40 cm)

Für den Teig:
250 g Butter
200 g Zucker
1 TL Vanillezucker
6 Eier
350 g Mehl
1 TL Backpulver
2 EL Kakaopulver
50 ml Milch
1,4 kg Sauerkirschen aus dem Glas

Für die Puddingcreme:
1 Päckchen Vanille-Puddingpulver
500 ml Milch
80 g Zucker
1 TL Vanillezucker

Für den Guss:
200 g Zartbitter-Kuvertüre
75 g Butterschmalz

1. Für den Teig Butter, Zucker und Vanillezucker in einer Küchenmaschine schaumig schlagen. Die Eier nach und nach unterrühren. Das Mehl mit dem Backpulver vermischen und unterrühren. Die Hälfte des Teiges auf ein mit Backpapier ausgelegtes Backblech streichen. Das Kakaopulver mit der Milch verrühren und in den restlichen Teig einrühren. Gleichmäßig auf dem hellen Teig verstreichen und mit einem Holzstiel den dunklen Teig in den hellen ziehen.

2. Die Kirschen in einem Sieb abtropfen lassen und gleichmäßig auf dem Teig verteilen. Im vorgeheizten Backofen bei 160 °C etwa 40 Minuten backen.

3. In der Zwischenzeit für die Creme das Puddingpulver mit 50 ml Milch verrühren. Die übrige Milch mit Zucker und Vanillezucker aufkochen lassen. Das angerührte Puddingpulver unter Rühren zugießen, aufkochen und in eine Schüssel umfüllen. Mit Frischhaltefolie abdecken und im Kühlschrank auskühlen lassen. Danach mit einem Schneebesen glatt rühren.

4. Den abgekühlten Kuchen mit der Puddingcreme bestreichen und 1 Stunde kalt stellen.

5. Für den Guss die Kuvertüre in kleine Stücke brechen und mit dem Butterschmalz im Wasserbad unter Rühren schmelzen. Abkühlen lassen und den Kuchen damit gleichmäßig übergießen. Der Guss darf nicht zu heiß sein, sonst vermischt er sich zu sehr mit der Puddingcreme.

6. Mit einer Gabel oder einem gezackten Teigschaber wellenförmige Linien in den Schokoladenguss ziehen und fest werden lassen. Den Kuchen in Vierecke schneiden.

TIPP:

Statt Butterschmalz Kokosfett verwenden – das schmeckt noch feiner und gibt dem Guss einen schöneren Glanz.

Zubereitungszeit: 50 Minuten / Kühlzeit: 1 Stunde / Backzeit: 40 Minuten

Käseblechkuchen

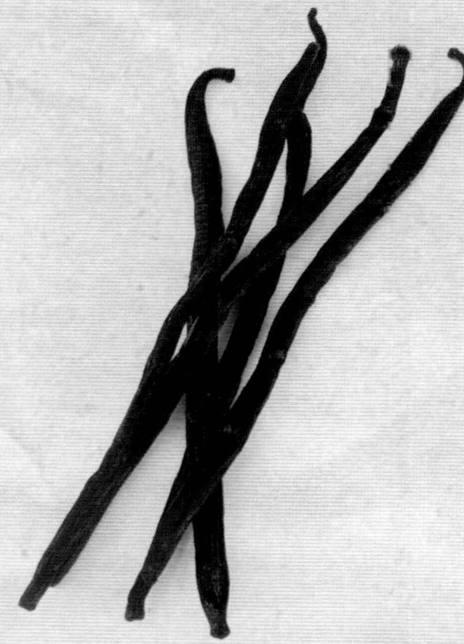

Zutaten für 1 Backblech (30 cm x 40 cm)

Für den Teig:

6 Eier

180 g Zucker

30 g Vanillezucker

1,5 kg Magerquark

1 Päckchen Vanillepuddingpulver

40 g Speisestärke

2 TL Backpulver

50 g Orangeat

Puderzucker, zum Bestäuben

1. Eier, Zucker und Vanillezucker in einer Küchenmaschine schaumig rühren. Den Quark einrühren und mit Puddingpulver, Speisestärke und Backpulver zu einer glatten Creme rühren. Das Orangeat unter heißem Wasser kurz abwaschen und fein hacken. Dann unter die Quarkmasse heben.

2. Die Masse gleichmäßig auf ein mit Backpapier ausgelegtes Backblech streichen und im vorgeheizten Backofen bei 180 °C etwa 70 Minuten goldgelb backen. Sobald der Kuchen zu dunkel wird, mit Alufolie abdecken oder die Temperatur etwas reduzieren.

3. Den Kuchen herausnehmen und auskühlen lassen. In 5 cm x 5 cm große Stücke schneiden und mit Puderzucker bestäuben. Auf eine Kuchenplatte umsetzen und servieren.

Zubereitungszeit: 20 Minuten / Backzeit: 70 Minuten

Himbeerschaumkuchen

Zutaten für 1 Backblech (30 cm x 40 cm)

Für den Teig:
150 g Mehl
50 g Speisestärke
1 TL Backpulver
150 g Zucker
2 TL Vanillezucker
1 Prise Salz
4 Eier
150 g weiche Butter, plus etwas mehr zum Einfetten

Für den Belag:
1 kg Himbeeren, Tiefkühlware aufgetaut
7 Blatt Gelatine
120 g Zucker
400 g Sahne

Für die Dekoration:
30 g Mandelblättchen, geröstet
150 g frische Himbeeren
Puderzucker, zum Bestäuben

1. Für den Teig das Mehl mit Speisestärke und Backpulver vermischen. Zucker, Vanillezucker, Salz und Eier zufügen und in einer Küchenmaschine zu einem glatten Teig verrühren.

2. Ein Backblech einfetten und den Teig einfüllen. Im vorgeheizten Backofen bei 160 °C etwa 20 Minuten backen.

3. Für den Belag die Himbeeren auftauen lassen und in einem Sieb abtropfen, dabei den Saft auffangen und mit Wasser auf 600 ml auffüllen.

4. Die Gelatine 10 Minuten lang in kaltem Wasser einweichen lassen. Die Hälfte des Saftwassers mit dem Zucker aufkochen. Die Gelatine leicht ausdrücken und im heißen Himbeerwasser unter ständigem Rühren auflösen. In das restliche Saftwasser einrühren und im Kühlschrank etwa 30 Minuten kühlen lassen. Gelegentlich umrühren.

5. Die Sahne in einer Küchenmaschine steif schlagen. Zuerst die Himbeeren unter das leicht gelierte Himbeerwasser mischen, danach die Sahne unterheben.

6. Die Himbeerschaum-Masse auf dem Kuchenboden verteilen und mit Frischhaltefolie abgedeckt im Kühlschrank 2 Stunden fest werden lassen. Zum Schluss mit gerösteten Mandelblättchen, frischen Himbeeren und Puderzucker bestreuen. In Stücke schneiden und servieren.

Zubereitungszeit: 50 Minuten / Backzeit: 20 Minuten / Kühlzeit: 2 Stunden

Mohnstreuselschnitten

Zutaten für 1 Backblech (30 cm x 40 cm)

Für den Teig:
200 g Mehl
4 Eier
300 g Zucker
200 g gemahlene Mohnsaat
150 ml Öl
100 ml Milch
abgeriebene Schale von 1 Zitrone
1 TL Backpulver
1 Prise Zimt

Für die Streusel:
200 g Mehl
150 g Zucker
120 g Butter, in Stücke geschnitten

Puderzucker, zum Bestäuben

1. Für den Teig Mehl, Eier, Zucker, gemahlenen Mohn, Öl, Milch, Zitronenschale, Backpulver und Zimt in einer Küchenmaschine mit den Knethaken zu einem glatten Teig verarbeiten.

2. Für die Streusel Mehl, Zucker und Butter mit den Händen zu Streuseln verkneten.

3. Den Teig auf einem mit Backpapier ausgelegten Backblech verteilen und mit einem Palettenmesser glatt streichen. Die Streusel darüber verteilen. Im vorgeheizten Backofen bei 170 °C etwa 40 Minuten goldgelb backen. Auskühlen lassen, in Quadrate schneiden und vor dem Servieren mit Puderzucker bestäuben.

TIPP:
Wer den Kuchen noch saftiger mag, mischt 300 g halbierte und entsteinte Aprikosen oder Zwetschgen unter den Teig. Der gemahlene Mohn kann durch die gleiche Menge Mohnmasse ersetzt werden. Dann die Milch weglassen.

Zubereitungszeit: 30 Minuten / Backzeit: 40 Minuten

Birnenkuchen

Zutaten für 1 Backblech (30 cm x 40 cm)

Für den Teig:
250 g Butter, plus etwas mehr zum Einfetten
250 g Zucker
1 Päckchen Vanillezucker
1 Prise Salz
abgeriebene Schale von 1 Zitrone
6 Eier
400 g Mehl
4 TL Backpulver
80 ml Milch

Für den Belag:
1,5 kg Birnen, Gute Luise
50 g Butter
50 g Rosinen
40 g abgezogene, gestiftelte Mandeln

Für den Guss:
120 g Aprikosenmarmelade
20 ml Aprikosenbrand

1. Für den Teig die Butter schaumig rühren. Nach und nach Zucker, Vanillezucker, Salz und Zitronenschale hinzufügen. Die Eier nach und nach unterrühren. Mehl und Backpulver vermischen und abwechselnd mit der Milch in die Buttermasse rühren. Dabei nur so viel Milch verwenden, dass der Teig schwer reißend von einem Löffel fällt.

2. Den Teig in ein mit Butter eingefettetes Backblech füllen und glatt streichen.

3. Für den Belag die Birnen schälen, vierteln, vom Kerngehäuse befreien und mehrmals der Länge nach einritzen. Den Teig damit belegen. Die Butter zerlassen und die Birnen damit bestreichen. Mit Rosinen und Mandeln bestreuen. Den Kuchen im vorgeheizten Backofen bei 180 °C 40–50 Minuten backen.

4. Für den Guss die Aprikosenmarmelade durch ein Sieb streichen und mit etwas Wasser in einem kleinen Topf unter Rühren zum Kochen bringen. Den Aprikosenbrand einrühren und den heißen Kuchen sofort damit bestreichen. Auskühlen lassen und in Stücke schneiden.

Zubereitungszeit: 65 Minuten / Backzeit: 40–50 Minuten

Schoko-Birnenkuchen mit Schmand

Zutaten für 1 Backrahmen (6 cm) und 1 Backblech (30 cm x 40 cm)

Für den Teig:
150 g Mehl
50 g Speisestärke
15 g Kakaopulver
4 TL Backpulver
200 g Butter, plus etwas mehr zum Einfetten
200 g Zucker
1 TL Vanillezucker
1 Prise Zimt
1 Prise Salz
4 Eier
100 g Schokoraspel
920 g Birnen aus der Dose, abgetropft

Für den Belag:
400 g Sahne
50 g Puderzucker
1 TL Vanillezucker
2 Blatt Gelatine
600 g Schmand

Zum Dekorieren:
2 EL Puderzucker
1 EL Kakaopulver

1. Für den Teig Mehl, Speisestärke, Kakao und Backpulver vermischen. Die Butter in kleine Stücke schneiden und mit Zucker, Vanillezucker, Zimt, Salz, Eiern und Mehlmischung zu einem glatten Teig verarbeiten. Die Schokoraspel unterrühren. Einen Backrahmen auf ein mit Butter eingefettetes Backblech stellen, den Teig einfüllen und glatt streichen.

2. Die Birnen in einem Sieb abtropfen lassen, dabei den Saft auffangen und 100 ml für den Belag abmessen. Die Birnen in feine Spalten schneiden und auf dem Teig verteilen. Im vorgeheizten Backofen bei 180 °C 35 Minuten backen.

3. Für den Belag die Sahne mit Puderzucker und Vanillezucker steif schlagen. Die Gelatine 10 Minuten lang in kaltem Wasser einweichen. Leicht ausdrücken und in dem abgemessenen Birnensaft bei kleiner Hitze auflösen. Mit dem Schmand verrühren und die steif geschlagene Sahne in zwei Portionen unterheben. Die Schmand-Sahne-Creme auf dem abgekühlten Kuchen verteilen. Mit dem Rücken eines Löffels auf die Oberfläche tippen und kleine Spitzen hochziehen.

4. Den Kuchen im Kühlschrank 1 Stunde kalt stellen. Den Backrahmen vorsichtig mithilfe eines Messers lösen und entfernen.

5. Den Puderzucker mit dem Kakaopulver vermischen und über den Kuchen sieben.

TIPP:

Der Kuchen bekommt hübsche Streifen, wenn man 5 mm breite Papierstreifen in Abständen auf den Kuchen legt und dann das Kakao-Puderzucker-Pulver darübersiebt. Anschließend die Streifen wegnehmen.

Zubereitungszeit: 40 Minuten / Backzeit: 35 Minuten / Kühlzeit: 1 Stunde

Mandarinenschmandkuchen

Zutaten für 1 Backblech mit hohem Rand (30 cm x 40 cm)

Für den Teig:
300 g Mehl, plus etwas mehr zum Bestäuben
1 TL Backpulver
150 g Magerquark
100 ml Milch
100 ml Speiseöl
90 g Zucker
1 TL Vanillezucker
1 Prise Salz
Butter, zum Einfetten

Für den Belag:
500 g Schmand
3 Eigelb
750 ml Milch
2 Päckchen Vanille-Puddingpulver
1 TL Vanillezucker
120 g Zucker
400 g Mandarinen aus der Dose, abgetropft

1. Für den Teig das Mehl mit dem Backpulver vermischen. Mit Quark, Milch, Öl, Zucker, Vanillezucker und Salz in einer Küchenmaschine mit Knethaken zu einem glatten Teig verarbeiten. Den Teig auf einer bemehlten Arbeitsfläche in der Größe des Backblechs ausrollen und in ein mit Butter eingefettetes Backblech legen.

2. Für den Belag Schmand und Eigelb verrühren. 100 ml Milch mit dem Vanille-Puddingpulver verrühren. Die restliche Milch mit Vanillezucker und Zucker zum Kochen bringen. Das aufgelöste Puddingpulver einrühren und kurz aufkochen. Vom Herd nehmen und in die Schmandmischung rühren. Etwas abkühlen lassen.

3. Die Creme auf den Teig streichen. Die Mandarinen abtropfen lassen und auf der Creme verteilen. Im vorgeheizten Backofen bei 180 °C etwa 50 Minuten backen. Nach 30 Minuten den Kuchen mit Alufolie abdecken. Den Kuchen erkalten lassen und in Stücke schneiden.

TIPP:

Für einen Guss 250 ml Mandarinensaft mit 30 g Zucker aufkochen und 3 in kaltem Wasser eingeweichte und ausgedrückte Gelatineblätter darin auflösen. Abkühlen lassen, und wenn der Guss geliert, die Kuchenstücke damit übergießen.

Zubereitungszeit: 40 Minuten / Backzeit: 50 Minuten

Glossar

Backen

Ob Biskuitboden, Hefegebäck oder Mürbeteig – jeder Teig braucht eine andere Backtemperatur. Während Keksteig bei 160 °C gebacken wird, braucht Hefeteig etwa 170 °C. Mürbeteig benötigt 180 °C, und Biskuitteig gelingt bei 200 °C. Die Angaben sind Richtwerte. Sie gelten für Backöfen mit Unter- und Oberhitze und können je nach Teigvariation etwas abweichen. Umluft erhöht die Backtemperatur und ist nicht für jeden Teig geeignet. Ideale Höhe im Backofen ist in der Regel die mittlere Einschubschiene.

Backbleche

Um Blechkuchen zu backen, braucht man ein viereckiges Backblech. Oft kann man einfach das vorhandene tiefe Backblech verwenden. Beim Kauf

anderer Größen und Ausführungen sollte man auf eine zuverlässige Antihaftversiegelung und eine kratzfeste Oberfläche achten. Obstkuchenbleche haben einen extra hohen Rand. Sie eignen sich gut für alle Arten von Blechkuchen. Es gibt auch Springform-Backbleche mit einem abnehmbaren viereckigen Rahmen. Sie eignen sich besonders gut für höhere tortenartige Blechkuchen, die aus mehreren Schichten bestehen.

Backbleche vorbereiten

Wird ein Backblech vor dem Einfüllen des Teigs mit etwas Butter eingefettet, lässt sich der fertige Ku-

chen leichter aus der Form lösen. Bei besonders feinen Teigen wird das eingebutterte Backblech zusätzlich mit etwas Mehl oder Semmelbröseln ausgeschwenkt. Dazu das Blech so lange rütteln bis die gesamte Innenfläche fein überzogen ist. Den Überschuss einfach aus dem Blech schütteln. Bei gehaltsvollen Teigen sollte das Backblech mit Backpapier ausgekleidet werden.

Backpapier

Das beschichtete Papier hat eine fettundurchlässige Oberfläche, trotzt Backofentemperaturen bis 220 °C ohne anzubrennen und verhindert, dass der fertige Kuchen auf dem Backblech kleben bleibt. Backpapier ist als Rolle zum Zuschneiden oder in Einzelbögen erhältlich.

Backpinsel

Zum gleichmäßigen Einfetten von Backblechen oder Bestreichen von Teigen, Kuchen oder Ge-

bäck mit Kuvertüre oder Gelee sind Backpinsel unersetzlich. Man bekommt sie in verschiedenen Größen, aus Silikon oder mit Borsten. Empfehlenswert sind solche mit langen, weichen Naturborsten: Man kann damit besonders sauber und effektiv arbeiten, weil sie – anders als Silikon-Pinsel – keine Rillen entstehen lassen.

Gelatine

Das geschmacksneutrale Bindemittel lässt Cremebeläge oder Glasuren fest werden. Blattgelatine zunächst 10 Minuten lang in kaltem Wasser einweichen, dann etwas ausdrücken und in einem Topf bei mittlerer Hitze unter ständigem Rühren auflösen. Nicht kochen lassen, sonst geht die gelierende Wirkung verloren. Ein paar Esslöffel der zu gelierenden Masse einrühren, dann diese Mischung unter die restliche Masse rühren – so entstehen keine Klümpchen.

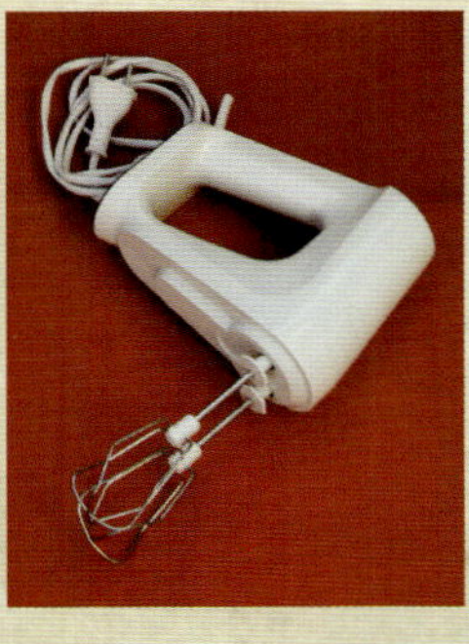

Handrührgerät

Küchenprofis schlagen Eiweiß oder Sahne mit einem Schneebesen auf, weil auf diese Weise mehr Luft eingearbeitet wird. Hobbybäcker nehmen dafür ein elektrisches Handrührgerät mit Rührbesen zur Hilfe. Beim Kneten fester Teige kommen die Knethaken zum Einsatz.

Kokosnuss

Frische Kokosnüsse sind ein paradiesischer Genuss. Die braunen, kleineren Kokosnüsse sind gefüllt mit Kokosmilch, und ihr Fleisch ist dick, weich und süß. Die grünen Kokosnüsse sind mit kalorienarmen und nährstoffreichem Kokoswasser gefüllt. Kokosmilch und -wasser ist abgepackt im Supermarkt erhältlich. Wer frische Kokosraspel verwenden will, findet oft frisches Fruchtfleisch in der Gemüse-Kühltheke.

Kuchengitter

Frisch gebackener Kuchen duftet herrlich. Damit er richtig lecker schmeckt, muss der Kuchen auskühlen. Dafür verwendet man am besten ein Kuchengitter. Auf diese Weise kann die Luft wunderbar zirkulieren und der Kuchen „schwitzt“ nicht. Kuchengitter kann man in verschiedenen Ausführungen kaufen – rund oder eckig, verchromt oder aus Edelstahl. Besonders Platz sparend ist eine zusammenklappbare Variante.

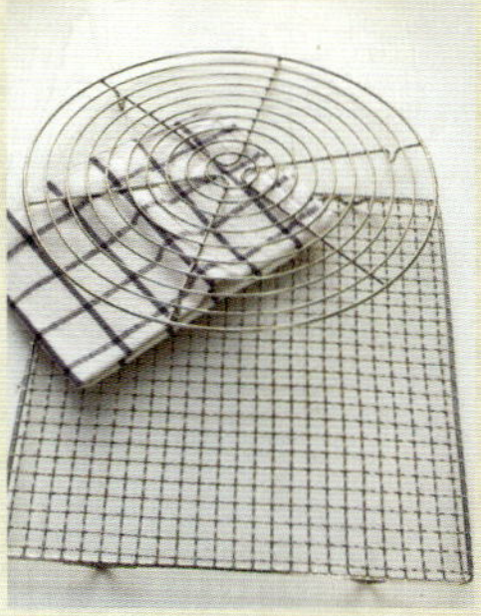

Küchenmaschine

Besonders bei schweren und gehaltvollen Teigen leisten Küchenmaschinen unschätzbare Dienste. Teige, die gut durchgearbeitet oder deren Zutaten gleichmäßig verteilt werden müssen, gelingen ohne große Mühe. Auch Eischnee, der besonders luftig werden soll, gelingt im Handumdrehen.

Mohn und Mohnmasse

Die Saat der Mohnpflanze wird gerne beim Backen von Brot, Kuchen oder Gebäck verwendet. Mohn hat eine nussige Geschmacksnote und wird meist gemahlen verwendet. Wer sich Mohn als Backzutat auf Vorrat zulegen möchte, sollte ungemahlenen Mohn kaufen – gemahlener Mohn wird schnell ranzig. Zum Backen muss die Mohnsaat geschrotet und in Milch gekocht werden, sonst schmeckt sie zu herzhaft. Es gibt auch fertige Mohnmasse zu kaufen, die aus feinstem gequetschtem Blaumohn, Zucker, Vanillin und Milchbestandteilen besteht.

Palettenmesser / Winkelpalette

Sie sind ein nützliches Küchenwerkzeug, um Teige

und Cremes glatt zu streichen. Dafür sind Palettenmesser aus Stahl mit langem, glattem und biegsamem Blatt die erste Wahl. Sie sind auch beim Mürbeteighacken, beim Ablösen von ausgerolltem Teig auf der Arbeitsfläche und beim Lösen von fertigen Tortenböden vom Backblech sehr hilfreich.

Schlagschüssel

Sie hat einen gewölbten Boden und einen Stellring, der beim Arbeiten für den nötigen Halt sorgt. Darin lassen sich Baisermassen, Sahne oder Cremes problemlos aufschlagen. Profis halten dabei die Schüssel leicht schräg. Übrigens eignet sie sich auch als Einsatz für ein heißes Wasserbad, um Cremes luftig aufzuschlagen.

Schneebesen

Sie gehören zur Basis-Ausstattung: Schneebesen mit dünnen, elastischen Drähten in Tropfenform und

dünnem Stiel sind ideal zum Aufschlagen von Sahne oder zum Verrühren leichter Flüssigkeiten. Schneebesen mit mittelstarken langen Edelstahlschlingen und dickem Stiel eignen sich besonders gut zum Verrühren halbfester Quark- oder Frischkäsecreme und zum Unterheben von Mehlmischungen und kleineren Zutaten wie Nüssen unter cremige Massen. Ballonbesen nimmt man für besonders schaumige, volumenreiche Massen wie Baiser.

Spritzbeutel

Profis, aber auch immer mehr Hobbyköche, schwören auf Spritzbeutel aus beschichtetem Baumwollgewebe, die sich auskochen lassen. Dazu gibt es auswechselbare Loch- und Sterntüllen aus Metall in diversen Größen. Die Spritzbeutel liegen gut in der Hand und eignen sich perfekt, um flüssige Teige oder feine Glasuren zu verarbeiten.

Runde Blechform / Tarteform

Französische Tarteformen haben einen gewellten oder glatten, geraden oder schrägen Rand, der

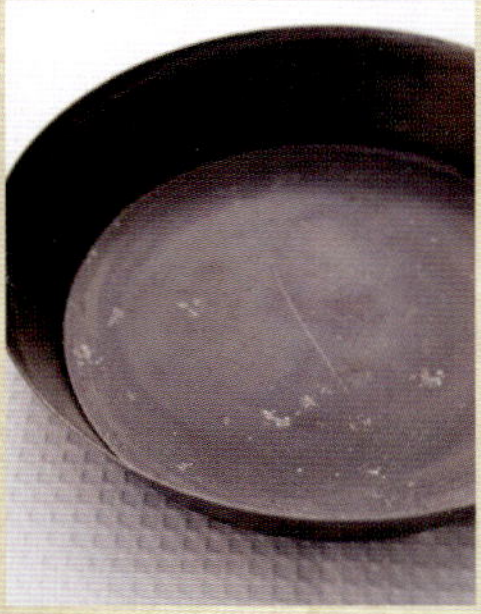

3–5 cm hoch ist. Es gibt sie in verschiedenen Größen und Formen aus ofenfestem Porzellan oder aus Blech – mit und ohne Beschichtung. Unbeschichtete Formen am besten mit etwas Butter einfetten und mit Mehl bestäuben.

Teigschaber

Ein praktischer Küchenhelfer: Dank des biegsamen Blatts aus Kunststoff oder Gummi lässt sich auch der letzte Teig- oder Cremerest aus der Schüssel holen. Auch das Unterheben von Sahne oder Eischnee ist damit leicht gemacht.

Unterheben

Steifer Eischnee oder geschlagene Sahne machen einen Teig oder eine Creme locker und luftig. Da-

mit der Effekt beim Vermischen der beiden Massen nicht verloren geht, empfiehlt es sich, mit einem Kochlöffel oder Teigschaber die beiden Massen portionsweise unterzuheben, bis sie vermengt sind – ohne dabei zu rühren!

Wähe

In der Schweiz bezeichnet man einen Blechkuchen als „Wähe". Traditionell wird sie mit Mürbeteig, mancherorts auch mit Hefeteig gemacht und mit Früchten belegt. In manchen Regionen verwendet man auch Blätterteig. Eine herzhafte Variante wird mit Gemüse oder Käse hergestellt. Meistens wird eine Wähe mit einer Milch-, Sahne- oder Crème-fraîche-Ei-Mischung zubereitet, die beim Backen eindickt und gelblich wird.

Zestenreißer

Mit diesem kleinen Küchenwerkzeug, dessen „Klinge" vorne mit scharfkantigen Löchern versehen ist,

lassen sich im Handumdrehen hauchdünne feine Streifen aus der äußeren Schale von Zitronen und Orangen schälen – ohne in die bitterstoffhaltige, weiße Unterschale zu schneiden. Diese Zesten geben Backwaren ein feines Aroma. Dafür immer unbehandelte Früchte verwenden, die nach der Ernte nicht mehr konserviert oder gewachst wurden.